R.L. STEVENSON

El extraño caso del Dr. Jekyll y Mr. Hyde

R.L. STEVENSON

El extraño caso del Dr. Jekyll y Mr. Hyde

PEQUEÑOS TESOROS

En otoño de 1885, entre accesos de fiebre y un persistente insomnio, Robert Louis Stevenson pasaba los días y noches postrado por culpa de la tuberculosis que padecía. Fue en medio de esa lucha que libraba el autor con su enfermedad, y fruto de una pesadilla que le dejó fuertemente impresionado, cuando escribió El extraño caso del Dr. Jekyll y Mr. Hyde, *una obra que le permitió experimentar con el horror, de una forma tan fascinante como innovadora para la época.*

La historia se desarrolla en el Londres victoriano, y su protagonista, el respetado Dr. Henry Jekyll, es un científico obsesionado con separar los aspectos buenos y malos de la naturaleza humana. El experimento en el que trabaja da origen a Edward Hyde, su despiadado y amoral alter ego, *desatando una serie de sucesos inquietantes que exploran las profundidades de la psique humana y los límites éticos de la ciencia.*

A Katharine de Mattos

No se deben desatar los lazos que Dios estableció para unir;
seremos siempre hijos del brezo y del viento.
Incluso lejos del hogar, aún florece la hermosa retama
para mí y para ti en las tierras del norte.

LA HISTORIA DE LA PUERTA

*Mr. Utterson, el abogado, era un hombre de semblante arrugado jamás iluminado por una son-*risa; frío, parco y reservado en la conversación; retraído en sus sentimientos; delgado, larguirucho, seco y tristón y, sin embargo, algo en él despertaba afecto. En las reuniones de amigos, y cuando el vino era de su agrado, sus ojos irradiaban una profunda humanidad, algo que nunca llegaba a reflejarse en sus palabras pero que se expresaba, no solo a través de aquellas señales silenciosas de su rostro en la sobremesa, sino con más frecuencia y mayor claridad en sus acciones cotidianas. Era austero consigo mismo: cuando estaba a solas bebía ginebra en penitencia por su gusto por los vinos añejos, y aunque disfrutaba del teatro, no había cruzado las puertas de ninguno desde hacía veinte años. Mostraba, sin embargo, una probada tolerancia hacia los demás, asombrándose en ocasiones, casi con envidia, ante el ánimo entusiasta que algunos ponían en sus fechorías; en cualquier caso, se inclinaba siempre antes a ayudar que a reprender. «Siento debilidad por la herejía de Caín —decía con agudeza—, a mis hermanos les permito que se destruyan como mejor les parezca». Debido a ese carácter suyo tenía a menudo la fortuna de ser el último conocido de buena reputación y la última influencia positiva que quedaba en las vidas de algunos hombres que iban ya descarriados, y nunca mostraba el más mínimo cambio en su conducta hacia ellos mientras siguieran frecuentándolo.

No cabe duda que esto le resultaba sencillo a Mr. Utterson, pues era, por decirlo con suavidad, poco expresivo e incluso parecía que su amistad se basaba en una similar bondad natural que dirigía hacia todo el mundo, sin distinción. Es característico de las personas modestas aceptar al círculo de amistades que le ofrece el destino, tal como se lo ofrece, y así lo hacía el abogado. Le unían a sus amistades lazos de sangre o un largo conocimiento, pues su afecto, como la hiedra, crecía con el tiempo sin requerir aptitudes del objeto de su apego. A esto se debía, sin duda, el vínculo que le unía a Mr. Richard Enfield, pariente lejano suyo y hombre reputado en la ciudad. A muchos les resultaba un enigma qué veía el uno en el otro y qué temas podían encontrar en común. Quienes se encontraban con ellos en sus paseos dominicales afirmaban que no se les veía intercambiar palabra, que parecían aburrirse terriblemente y que recibían con innegable alivio la aparición de un amigo. Sin embargo, ambos hombres apreciaban mucho aquellas excursiones, las atesoraban como el mejor momento de la semana y no solo renunciaban a ocasiones de divertirse, sino que se resistían incluso a compromisos profesionales con tal de que nada les interrumpiera en su disfrute.

Sucedió, en una de estas caminatas, que sus pasos los llevaron hasta una callejuela de un populoso barrio de Londres. La calle era pequeña y, podríamos decir, tranquila, pero entre semana albergaba una actividad comercial floreciente. A todos sus habitantes les iba bien, según parecía, y rivalizando en la esperanza de que les fuese aún mejor, invertían el excedente de sus ganancias con coquetería para que los escaparates de sus tiendas, alineados a ambos lados de la vía, destacasen invitando a entrar, como hileras de sonrientes vendedoras. Incluso en domingo, cuando sus más floridos encantos quedaban mermados y se mostraba menos concurrida que otros días, la calle relucía en contraste con el deslucido vecindario como una hoguera en un bosque, y atrapaba al instante la atención y el agrado de los paseantes con sus postigos recién pintados, sus metales bien bruñidos y su aire general de limpieza y jovialidad.

A dos puertas de una de las esquinas, a mano izquierda en dirección este, aquella línea quedaba rota por la entrada de un patio vecinal, y justo en ese punto, un siniestro edificio proyectaba su alero sobre la calle. Tenía dos pisos de altura y ninguna ventana, nada se veía en él, salvo una puerta en la planta baja y una fachada ciega y descolorida en la superior. Cada detalle mostraba la marca de un abandono sórdido y prolongado. La pintura de la puerta, sin campanilla ni aldaba, estaba descolorida y desconchada. Los vagabundos se cobijaban a su abrigo y encendían cerillas raspándolas contra la madera, los niños montaban sus tenderetes en los escalones, un escolar había probado su navaja en las molduras, y durante casi una generación, nadie había aparecido para ahuyentar a aquellos visitantes fortuitos ni para reparar los estragos que causaban.

Mr. Enfield y el abogado se encontraban al otro lado de la calleja, pero cuando llegaron a la altura de la entrada, el primero alzó su bastón para señalarla.

—¿Te has fijado alguna vez en esa puerta? —preguntó. Y a la respuesta afirmativa de su compañero, añadió—: En mi memoria se asocia con una historia, una historia muy extraña.

—¿Ah, sí? —dijo Mr. Utterson, con una leve alteración en la voz—. ¿Qué historia es esa?

—Sucedió así —respondió Mr. Enfield—: Regresaba yo a casa de Dios sabe dónde, a eso de las tres de una negra madrugada de invierno y mi camino me había llevado a atravesar una zona de la ciudad donde literalmente no se veía otra cosa que farolas. Calle tras calle, todo el mundo dormía, y calle tras calle, todo estaba iluminado como para una procesión, pero más desierto que una iglesia, hasta que llegué a encontrarme en ese estado en que se empieza a poner excesiva atención a cualquier sonido y a echar de menos la presencia de un policía. De pronto vi dos figuras: un hombrecillo que caminaba, renqueante pero a buen paso, en dirección este y una niña de entre ocho y diez años, que corría a toda prisa bajando por una calle lateral. Pues bien, señor, como era de esperar, al llegar a la intersección chocaron entre sí y aquí viene la parte horrible de la historia, pues el hombre pasó tan tranquilo por encima del cuerpo de la niña, pisoteándola, y allí la dejó, gritando en el suelo. No parece gran cosa al contarlo, pero verlo fue espeluznante. No parecía un hombre, era como una fuerza maligna incontrolable. Le grité para que se detuviera, corrí hacia él, lo agarré por la pechera y le hice volver hasta donde yacía la niña, a cuyos llantos había acudido ya un respetable grupo. Se mostraba de lo más tranquilo y no opuso resistencia, pero me lanzó tal mirada que me hizo sudar más que una carrera. La gente que había acudido era la propia familia de la niña y enseguida apareció el doctor, a quien la pequeña había ido a buscar. La chiquilla no tenía magulladuras de consideración y estaba más que nada asustada, según el matasanos. Sería de suponer que allí habría terminado la cosa, pero se produjo una curiosa circunstancia: el caballero de marras me había provocado aversión nada más verlo y lo mismo le había ocurrido a la familia de la niña, cosa, por otro lado, de lo más natural; pero fue el caso del doctor lo que me llamó la atención. Era el típico facultativo, común y corriente, de edad y color de tez indeterminados, con fuerte acento de Edimburgo, y tan sensible como una gaita. Pues bien, señor, estaba tan afectado como los demás; cada vez que el matasanos miraba a mi prisionero lo veía descomponerse y palidecer de puras ganas de asesinarlo. Le adiviné el pensamiento, igual que él a mí, y como no era cosa de matarlo, nos decantamos por la segunda mejor opción: Le dijimos a aquel tipo que podíamos montar tal escándalo por aquello que su nombre quedaría denostado de un extremo a otro de Londres, que no dudaríamos en hacerlo, y que si tenía alguna amistad mínimamente respetable nos encargaríamos de que la perdiera. Y mientras así lo fustigábamos, intentábamos contener a las mujeres lo mejor que podíamos, porque estaban furiosas como arpías. No he visto en mi vida un círculo de caras más enfurecidas. Y aquel hombre permanecía en medio de ellas, mostrando una especie de desprecio calmado y sombrío. Me di cuenta de que también estaba asustado, pero hacía frente a la situación como si fuese el mismo Satanás. «Si lo que desean es sacar dinero de este accidente —dijo—, es evidente que nada puedo hacer para impedirlo. No hay caballero que no desee evitar un escándalo. Pongan ustedes una cantidad». Pues bien, le sacamos cien libras para la familia de la niña que, claramente, él hubiera preferido no soltar, pero algo en nuestra actitud le indicó que íbamos en serio y acabó por ceder. El siguiente paso era obtener el dinero, ¿y adónde dirías que nos llevó sino a la casa de la puerta? Sacó una llave, entró y enseguida regresó con diez libras en oro y un cheque por el resto del importe del banco Couts, pagadero al portador y firmado con un nombre que no puedo desvelar, pese a ser precisamente uno de los puntos principales de la historia, pero diré al menos que se trataba de un nombre notorio y que aparece a menudo en los papeles. Y si la cantidad era alta, la firma avalaba mucho más que eso, si era auténtica. Me tomé la libertad de señalar al dichoso caballero que todo aquello me parecía sospechoso y que, desde luego, no era muy habitual que uno entrase en un sótano a las cuatro de la mañana para volver a salir de él con un cheque de casi cien libras firmado por otro hombre; pero él se mostró bastante tranquilo y despreciativo. «No le dé más vueltas a la cabeza —dijo—. Me quedaré con ustedes hasta que abran los bancos y haré efectivo el cheque en persona». Así que el médico, el padre de la niña, nuestro amigo y yo mismo nos fuimos de allí, y pasamos el resto de la noche en mi casa. Al día siguiente, tras haber desayunado, fuimos juntos al banco. Entregué el cheque personalmente y dije que tenía grandes motivos para pensar que era falso, pero nada de eso; el cheque era auténtico.

—Vaya, vaya —dijo Mr. Utterson.

—Ya veo que eres de mi misma opinión —dijo Mr. Enfield—. La historia es muy turbia, porque el dichoso tipo era un hombre insoportable para cualquiera, un sujeto detestable de verdad, mientras que la persona que había escrito el cheque es un dechado de virtudes, muy respetado además y, lo que es aún peor, un hombre conocido por hacer el bien a sus semejantes. Chantaje, supongo; un honrado ciudadano obligado a pagar un ojo de la cara por alguna calaverada de su juventud.

Desde entonces, a la casa de la puerta le doy el nombre de Villa Chantaje. Pero ¿sabes?, ni aun así queda todo explicado —añadió.

Y con estas palabras se sumió en sus propios pensamientos, pero enseguida lo sacó de ellos Mr. Utterson al preguntarle de manera un tanto repentina:

—¿Y sabes si quien extendió el talón vive allí?

—Sería lo más probable, ¿no es cierto? —replicó Mr. Enfield—. Pero resulta que conozco su dirección y vive en no sé qué plaza.

—¿Y nunca te has interesado por la casa de la puerta? —dijo Mr. Utterson.

—No, señor, me pareció comprometido —fue la respuesta—. No soy nada partidario de hacer preguntas, me hace pensar en el día del Juicio Final. Lanzar una pregunta es como lanzar una piedra: uno está tranquilamente sentado en la cima de una colina y allá va la piedra, que arrastra a otras en su caída y antes de que te des cuenta le golpea en la cabeza a algún pobre diablo (el que menos hubiera uno pensado) que estaba tranquilamente en su propio jardín y toda la familia acaba teniendo que cambiarse de apellido. No, señor, yo tengo esta regla: cuanto más raro parezca un asunto, menos se ha de preguntar.

—Y es una regla excelente —dijo el abogado.

—Pero he estudiado la casa por mi cuenta —continuó Mr. Enfield— y la verdad es que casi no parece una casa. No tiene ninguna otra puerta y por ella no entra ni sale nadie salvo, muy de vez en cuando, el caballero de mi aventura. En la primera planta tiene tres ventanas que dan al patio y ninguna en la planta baja, y están siempre cerradas, pero limpias. Hay, además, una chimenea de la que suele salir humo, así que alguien debe de vivir allí, aunque no estoy seguro, porque los edificios de ese patio están tan apiñados que cuesta saber dónde termina uno y empieza el otro.

La pareja continuó caminando en silencio durante un rato y al fin Mr. Utterson dijo:

—Es buena esa norma tuya, Enfield.

—Eso creo yo —replicó Enfield.

—Y pese a todo —continuó el abogado— quisiera preguntarte una cosa más y es el apellido del hombre que atropelló a la niña.

—Bueno —dijo Mr. Enfield—, no veo qué mal puede causar: se apellida Hyde.

—Mmm... —repuso Mr. Utterson—. ¿Y qué aspecto tiene?

—No es fácil de describir. Tiene algo extraño, un no sé qué repelente, completamente detestable, incluso. Nunca me había desagradado nadie de tal manera y sin embargo no soy capaz de decir por qué. Debe de ser algo deforme, porque causa una fuerte sensación de deformidad, aunque no sabría especificar en qué consiste. Se trata de un hombre de aspecto extraordinario y, sin embargo, no soy capaz de mencionar ningún aspecto destacable de su persona. No, señor, no acabo de dar con ello, no soy capaz de describirlo. Y no es un fallo de la memoria, porque es como si lo estuviera viendo ahora mismo.

De nuevo, Mr. Utterson caminó un trecho en silencio y se veía a todas luces que sopesaba una idea.

—¿Estás seguro de que abrió con una llave? —preguntó al fin.

—Mi querido amigo... —comenzó a decir Enfield, que no cabía en sí de asombro.

—Ya sé —dijo Mr. Utterson—, ya sé que te debe de parecer extraño. Pero lo cierto es que si no te pregunto el nombre del otro caballero es porque ya lo conozco. Verás, Richard, tu historia no me coge de nuevas, así que si has sido inexacto en algún detalle, será mejor que lo corrijas.

—Creo que debías habérmelo advertido —replicó el otro con cierto malhumor—, pero he sido exacto hasta la pedantería, como tú dices. Aquel individuo tenía llave y, lo que es más, la sigue teniendo, pues lo vi entrar con ella no hace ni una semana. Mr. Utterson inspiró profundamente pero no dijo una palabra más, así que el joven continuó.

—He aquí una buena lección sobre la importancia de no abrir la boca —dijo—. Me avergüenzo de mi charlatanería, prometamos no volver a hablar del asunto.

—Con todo mi corazón —dijo el abogado—. Estrechémonos las manos, Richard.

EN BUSCA DE MR. HYDE

Aquella noche, Mr. Utterson regresó a su casa de soltero con el ánimo sombrío y se sentó a la mesa sin apetito. Los domingos, al acabar de cenar, tenía por costumbre sentarse junto al fuego con algún volumen de árida teología en el atril hasta que el reloj de la cercana iglesia daba las doce, hora en que se iba a la cama tranquilo y satisfecho. Aquella noche, sin embargo, en cuanto se levantaron los manteles, tomó una vela y se dirigió a su estudio. Allí abrió la caja fuerte y del rincón más escondido tomó un documento en cuyo sobre ponía «Testamento del Dr. Jekyll» y se sentó, con el ceño fruncido, a estudiar su contenido. El testamento —que era hológrafo, pues Mr. Utterson, aunque se hizo cargo de él una vez terminado, se había negado a colaborar en lo más mínimo en su redacción— establecía no solo que en caso de fallecimiento de Henry Jekyll, doctor en medicina, doctor en leyes, doctor en letras, miembro de la Royal Society, etc., todas sus posesiones pasarían a manos de su «amigo y benefactor» Edward Hyde, sino también que en caso de desaparición o ausencia inexplicable durante un período superior a tres meses naturales, el susodicho Edward Hyde pasaría sin más dilación a disfrutar de todas las pertenencias del antedicho Henry Jekyll y quedaría libre de cualquier carga u obligación más allá del pago de unas pequeñas sumas a los integrantes del servicio de la casa del doctor. Hacía tiempo que ese documento venía quitándole el sueño al abogado, pues le ofendía como letrado y como amante de los aspectos tradicionales y sensatos de la vida, a quien todo lo original le resultaba extravagante. Hasta ese momento no conocer a Mr. Hyde le inflamaba de indignación, pero ahora, por un giro inesperado, era el haberlo conocido lo que le enfurecía. Ya resultaba bastante grave cuando el nombre no era sino un apellido del que no lograba averiguar nada más, pero la cosa empeoraba ahora que este empezaba a verse revestido de atributos detestables; y de la bruma cambiante e insustancial que tanto tiempo había confundido su vista surgía el presentimiento súbito y definitivo de un demonio.

«Pensaba que era una locura —se dijo, mientras devolvía el detestable papel a la caja fuerte—, pero ahora comienzo a temer que se trate de deshonor».

Dicho esto, apagó la vela, se puso un pesado abrigo y se encaminó hacia Cavendish Square, bastión de la medicina, donde vivía y recibía a sus numerosos pacientes su amigo, el gran doctor Lanyon. «Si alguien sabe algo, tiene que ser Lanyon», pensó.

El solemne mayordomo lo conocía y le dio la bienvenida; no le hizo esperar, sino que lo condujo directamente al comedor donde se encontraba el doctor Lanyon, sentado a solas con una copa de vino. Era un caballero cordial, saludable, elegante y de rostro rubicundo, con un mechón de pelo prematuramente blanco y maneras ruidosas y vivaces. Al ver a Mr. Utterson se levantó de la silla y le dio la bienvenida estrechándole las dos manos. La afabilidad, tan propia de su carácter, resultaba algo teatral pero era sincera, pues eran viejos amigos, antiguos compañeros tanto de colegio como de facultad. Se respetaban mucho y disfrutaban la mutua compañía, cosa que no siempre sucede en estos casos.

Al cabo de un rato de charla de cortesía, el abogado sacó a colación el asunto que tantas y tan desagradables preocupaciones le ocasionaba.

—Supongo, Lanyon —dijo—, que tú y yo somos los amigos más antiguos de Henry Jekyll.

—Ya me gustaría que fuésemos los más jóvenes —bromeó el Dr. Lanyon—, pero supongo que sí. ¿Por qué lo preguntas? La verdad es que no lo veo demasiado últimamente.

—¿Ah, sí? —dijo Utterson—. Pensaba que os unían intereses comunes.

—Así era —fue la respuesta—. Pero hace más de diez años que Henry Jekyll comenzó a hacerse demasiado extravagante para mí. Ha emprendido un camino torcido, al menos así lo veo yo. Y aunque, por supuesto, continué interesándome por él en memoria de los viejos tiempos, como se suele decir, me doy cuenta de que apenas nos hemos visto. Tantos disparates acientíficos —añadió el doctor, sonrojándose de pronto— hubieran distanciado a Damón y Fintias.

Aquel pequeño desahogo de rabia supuso para Mr. Utterson un cierto alivio. «Únicamente han discrepado en asuntos científicos —pensó, y al no albergar él mismo pasiones científicas (salvo en materia de traspasos de propiedades) añadió incluso—: ¡No es cosa de gravedad! —Le concedió a su amigo unos segundos para recobrar la compostura y entonces formuló la cuestión que lo había llevado hasta allí—: ¿Alguna vez has coincidido con un protegido suyo, un tal Hyde?», preguntó.

—¿Hyde? —repitió Lanyon—. No, nunca he oído hablar de él. Al menos mientras seguíamos tratándonos.

Aquella fue toda la información que el abogado se llevó consigo a la cama, grande y oscura, en la que estuvo dando vueltas y vueltas hasta altas horas de la madrugada. Fue aquella una noche de poco descanso para su inquieta mente, atribulada en las tinieblas y asediada por las dudas.

Cuando las campanas de la iglesia situada tan oportunamente cerca de la casa de Mr. Utterson dieron las seis todavía continuaba el abogado inmerso en el problema. Hasta entonces solo le había preocupado desde el punto de vista intelectual, pero ahora había llegado a afectar a su imaginación, o más bien a esclavizarla. Y allí tendido y agitado en la oscuridad nocturna de su dormitorio velado por pesadas cortinas, el relato de Mr. Enfield se desenvolvía en su mente como un pergamino de animadas imágenes. Veía la vasta extensión de farolas de la ciudad sumida en la noche y la figura de un hombre que camina con paso apresurado; luego, una niña que corre, de regreso de la consulta del doctor; y entonces, ambos se encuentran y aquella fuerza devastadora de la naturaleza derriba a la niña y la pisotea ignorando sus gritos. Otras veces ve la habitación de un hogar acomodado, donde duerme su amigo, soñando y sonriendo en su sueño; y entonces se abre la puerta del dormitorio, se descorren las cortinas, se despierta al durmiente y junto a él aparece esa figura que ahora está investida de poder, y, pese a lo tardío de la hora, el primero debe levantarse para cumplir la voluntad del otro. La figura de ambas escenas había atormentado al abogado durante toda la noche y si en algún momento había llegado a conciliar un sueño ligero, no había logrado sino verla deslizarse con paso aún más furtivo por las casas durmientes, o moverse cada vez con más premura, hasta alcanzar una velocidad de vértigo, a través de aún mayores laberintos urbanos iluminados por farolas, pisoteando en cada esquina a una niña a la que abandonaba allí, entre gritos. Sin embargo, la figura continuaba careciendo de una faz que le permitiera reconocerla; ni siquiera en sus sueños tenía rostro, o el que tenía lo desconcertaba y se fundía ante sus ojos. Y fue así como en la mente del abogado surgió y creció con rapidez una fortísima curiosidad, casi desmedida, de contemplar los rasgos del auténtico Mr. Hyde. Estaba convencido de que si pudiese echarle la vista encima, aunque fuese una sola vez, se haría luz sobre el misterio y tal vez se desvanecería al fin, como suele ocurrir con las cosas misteriosas cuando se les da una buena explicación. Quizás así vería una buena justificación para la extraña preferencia o servidumbre (llámese como se quiera) de su amigo e incluso para aquellas cláusulas tan desconcertantes de su testamento. O quizás sería al menos un rostro digno de ver: el rostro de un hombre que no conoce la piedad, y cuya mera visión había sido bastante para despertar un odio tenaz en la mente de Enfield, un hombre por lo común tan poco impresionable.

A partir de ese momento, Mr. Utterson comenzó a rondar la puerta de aquella callejuela llena de comercios. Por las mañanas, antes de las horas de oficina; por las tardes, cuando abundaba el trabajo y escaseaba el tiempo; por las noches, bajo la mirada de la luna velada por la niebla de la ciudad; con cualquier luz y a cualquier hora, en soledad o en compañía, podía encontrarse al abogado en el puesto de vigía que él mismo había escogido.

«Si Mr. Hyde quiere jugar al escondite —pensaba—, jugaré hasta que lo encuentre».

Al fin su paciencia se vio recompensada. Era una noche serena, seca, con el aire cargado de escarcha. Las calles estaban más limpias que el suelo de un salón de baile, las farolas creaban dibujos regulares de luces y sombras, pues ni una brizna de viento hacía oscilar sus llamas. Hacia las diez, cuando las tiendas habían cerrado ya, la calleja resultaba un lugar muy solitario y silencioso, pese a que el sordo bullicio de Londres llegaba desde todas direcciones. El más leve ruido se propagaba a gran distancia, los sonidos domésticos procedentes de las casas se escuchaban con claridad a ambos lados de la calle, y el rumor de los pasos de los transeúntes que se aproximaban les precedía un buen trecho. Mr. Utterson llevaba unos minutos en su puesto cuando se dio cuenta de que se acercaban unos pasos ligeros e irregulares. Hacía ya tiempo que en el transcurso de sus guardias nocturnas se había acostumbrado al curioso efecto que se produce cuando las pisadas de una sola persona, que aún se encuentra bastante alejada, brotan de pronto del vasto zumbido y estrépito de la ciudad, distinguiéndose entonces con nitidez. Sin embargo, nunca antes habían captado su atención con tanta claridad y determinación, por lo que se retiró hacia la entrada del patio, llevado por un presentimiento, potente aunque supersticioso, del éxito.

Los pasos se acercaban con rapidez y de pronto resonaron con más fuerza al doblar la esquina del fondo de la calle. El abogado, espiando desde la entrada, no tardó en ver la clase de hombre con quien tendría que vérselas. Era pequeño y su vestimenta ordinaria, pero algo en su aspecto general, aun desde cierta distancia, predisponía en su contra a quien lo observaba. Se encaminó directamente hacia la puerta, cruzando la calle para ahorrar tiempo, y al acercarse sacó del bolsillo una llave, como quien se dispone a entrar en su propia casa.

Mr. Utterson salió de su escondite y le tocó el hombro al pasar junto a él.

—¿Es usted Mr. Hyde?

Mr. Hyde reculó, encogiéndose y emitiendo una especie de silbido al tomar aire. Su temor, sin embargo, fue solo momentáneo y, aunque no miró al abogado directamente a la cara, respondió, con total serenidad:

—Así me llamo. ¿Qué desea?

—Veo que se dispone a entrar —replicó el abogado—. Soy Mr. Utterson, de Gaunt Street, un viejo amigo del doctor Jekyll, supongo que habrá oído mi nombre alguna vez, y ya que nos hemos encontrado tan oportunamente, he pensado que podría permitirme entrar.

—El doctor Jekyll ha salido, no lo encontrará en casa —replicó Mr. Hyde, introduciendo la llave en la cerradura. Luego, de pronto, todavía sin alzar la vista, preguntó—: ¿De qué me conoce?

—Si se lo digo —dijo Mr. Utterson—, ¿me haría usted un favor?

—Con mucho gusto —repuso el otro—, ¿de qué se trata?

—¿Me permitiría verle la cara? —preguntó el abogado.

Mr. Hyde pareció dudar un momento y luego, como fruto de un reflejo súbito, mostró el rostro con aire de desafío y ambos se miraron fijamente durante unos segundos.

—Ahora sabré reconocerlo —dijo Mr. Utterson—; podría serme de utilidad.

—Sí —respondió Mr. Hyde—, ha sido una suerte que nos hayamos encontrado. Y, a propósito, convendría que tuviera mi dirección.

Y dicho esto, le dio un número y una calle del Soho. «¡Cielo santo! —pensó Mr. Utterson—. ¡No es posible que él también haya estado pensando en el testamento!». Pero se guardó sus temores y se limitó a emitir un bufido en señal de haber entendido la dirección.

—Y ahora —dijo el otro—, ¿de qué me conoce?

—Me lo han descrito —fue la respuesta.

—¿Y quién ha sido?

—Tenemos amistades en común —dijo Mr. Utterson.

—¿Amistades en común? —repitió Mr. Hyde con voz ronca—. ¿Y cuáles son esas?

—Jekyll, por ejemplo —dijo el abogado.

—¡Él no le ha hablado de mí! —exclamó Mr. Hyde en un brote de furia—. Pensaba que no me mentiría usted.

—Vamos, vamos —dijo Mr. Utterson—, no es necesario utilizar esos términos.

El otro soltó un gruñido que se transformó en una risa salvaje y, un instante después, con extraordinaria rapidez, abrió la puerta y desapareció en el interior de la casa.

El abogado se quedó allí plantado un momento, tal como Hyde lo había dejado; el vivo retrato de la inquietud. Luego comenzó a caminar calle arriba lentamente, deteniéndose cada pocos pasos para llevarse la mano a la frente de puro estupor. El problema con el que se debatía mientras así caminaba pertenecía a una variedad para la que en raras ocasiones se encuentra solución. Mr. Hyde era pálido y desproporcionado, producía una impresión de deformidad aunque no se le podía señalar ninguna malformación, tenía una sonrisa desagradable, se había dirigido al abogado con una mezcla homicida de cortedad y osadía, y hablaba con voz ronca, susurrante, como rota. Todos aquellos factores jugaban en su contra, pero ni siquiera la suma de ellos podía explicar por qué Mr. Utterson sentía hacia él una repulsión, un desprecio y un temor, que hasta entonces le habían sido desconocidos. «Tiene que haber algo más —se decía el estupefacto caballero—. Hay algo más, aunque no logre expresarlo con palabras. ¡Dios mío, si apenas parece humano! Diría casi que tiene algo de troglodita. ¿Quizás es un caso como el del doctor Fell, que no le gustaba a nadie y nadie sabía por qué? ¿O tal vez su misma alma perversa irradia algo que se manifiesta en su cuerpo mortal, transfigurándolo? Se trata de esto último, diría yo. ¡Pobre Henry Jekyll, viejo compañero! ¡Si alguna vez he visto la marca de Satanás en un rostro es en el de ese nuevo amigo tuyo!».

A la vuelta de la esquina de aquella calleja se encontraba una plaza de casas antiguas y hermosas, muchas de las cuales habían perdido su antiguo estatus de mansiones y habían sido divididas en varias viviendas para gentes de toda clase y condición: grabadores de mapas, arquitectos, abogados de dudosa reputación y agentes que gestionaban oscuros negocios. Sin embargo, una casa, la segunda desde la esquina, continuaba ocupada en su totalidad y mostraba un aire de bienestar y confort, aunque ahora se hallaba sumida en la oscuridad, a excepción de una luz que se filtraba por la ventana semicircular de encima de la puerta, frente a la que Mr. Utterson se detuvo y llamó. Acudió a abrir un sirviente bien vestido y de edad avanzada.

—¿Está el doctor Jekyll en casa, Poole?

—Iré a ver, Mr. Utterson —dijo Poole, franqueándole al visitante, mientras hablaba, la entrada a un cómodo vestíbulo, grande, de techo bajo y suelo enlosado. Estaba caldeado (al estilo de las casas de campo) por una chimenea abierta en la que ardía un vivo fuego, y amueblado con costosos gabinetes de roble—. ¿Desea esperar aquí, junto al hogar, señor? ¿O prefiere que le lleve una luz al comedor?

—Esperaré aquí, muchas gracias —dijo el abogado, aproximándose al alto guardafuegos y reclinándose en él.

Aquella estancia, en la que ahora se había quedado solo, era una de las favoritas del doctor, y el propio Utterson solía calificarla como una de las más agradables de todo Londres; pero aquella noche se le helaba la sangre y la cara de Hyde le pesaba en la memoria: se sentía, cosa rara en él, asqueado y ajeno a la vida. Tan sombrío era su ánimo que le parecía discernir una amenaza en el titilar de la luz del fuego sobre las pulidas losas y en los inquietos movimientos de las sombras del techo. Se sintió avergonzado del alivio que le produjo el pronto regreso de Poole para anunciarle que el doctor Jekyll había salido.

—He visto entrar a Mr. Hyde por la puerta de la antigua sala de disección, Poole —dijo—. ¿Le está permitido hacerlo cuando el doctor Jekyll no se encuentra en casa?

—Efectivamente, señor —replicó el sirviente—, Mr. Hyde tiene llave propia.

—Su señor parece depositar una gran confianza en ese joven, Poole —prosiguió el otro, con aire distraído.

—Así es, señor —dijo Poole—. Todos tenemos órdenes de obedecerle.

—No hemos coincidido nunca, ¿no es cierto? —preguntó Utterson.

—¡Cielos, no, señor! Él nunca cena aquí —replicó el mayordomo—. De hecho, apenas lo vemos por esta parte de la casa; casi siempre entra y sale por el laboratorio.

—Buenas noches, pues, Poole.

—Buenas noches, Mr. Utterson.

Y el abogado se encaminó hacia su casa con el espíritu apesadumbrado. «¡Pobre Henry Jekyll! —pensó—. Mucho me equivoco o se encuentra con el agua al cuello. Fue muy alocado en su juventud... De eso hace mucho, desde luego, pero a los ojos de Dios los delitos no prescriben. ¡Ay, debe de ser eso, sin duda! El fantasma de algún viejo pecado, el cáncer de un deshonor oculto: el castigo que llega *pede claudo*, años después de que la memoria haya olvidado la falta y la estima propia la haya condonado». Y el abogado, sobrecogido por ese pensamiento, analizó su propio pasado durante un rato, rebuscando entre los resquicios de la memoria, por si podía hallar en ella una caja de sorpresas de la que, al abrirla, saliese a la luz alguna antigua iniquidad como impulsada por un resorte. Su pasado se hallaba razonablemente libre de culpas: pocos hombres podrían leer los pergaminos de su vida con menor aprensión. Y sin embargo se vio arrastrado por el polvo de la humillación al contemplar las numerosas mezquindades que había cometido, y alzado de nuevo en una sobria y temerosa gratitud por las muchas que había estado a punto de cometer, pero había logrado evitar. Y entonces, al volver al anterior objeto de sus preocupaciones, concibió una chispa de esperanza. «Este Mr. Hyde, si lo investigase —pensó para sí—, debe de ocultar sus propios secretos: secretos bien negros, a juzgar por su aspecto, secretos que, en comparación, harían que los más oscuros del pobre Jekyll relumbrasen como el sol. Las cosas no pueden continuar de este modo. Se me hiela la sangre al pensar en semejante criatura entrando como un ladrón a robar hasta la misma cabecera de Henry. ¡Pobre Henry, menudo despertar! ¡Y menudo peligro! Porque si este Hyde llega a sospechar de la existencia del testamento, podría impacientarse por el momento de heredar. ¡Ay! Debo ponerme manos a la obra, si Jekyll me lo permite —añadió—. ¡Si al menos no me lo impide!». Y una vez más, se presentaron en su imaginación, claras como el agua, las extrañas cláusulas del testamento.

LA TRANQUILIDAD DEL DOCTOR JEKYLL

Dos semanas más tarde, por una feliz casualidad, el doctor ofreció una de sus agradables cenas para cinco o seis viejos amigos, todos ellos hombres inteligentes, respetables y amantes del buen vino, y Mr. Utterson se las ingenió para permanecer en la casa una vez que los demás se hubieron marchado. Esto no era cosa nueva, sino que ocurría muy a menudo, ya que Utterson era una persona muy apreciada por quienes le conocían. A sus anfitriones les gustaba retener al adusto abogado cuando ya los huéspedes más alegres y parlanchines habían cruzado el umbral, disfrutaban pasando un rato en su discreta compañía, preparándose para la soledad, serenando el pensamiento en el rico silencio que emanaba aquel hombre tras la tensión que conlleva el derroche de alegría. El doctor Jekyll no era la excepción a esa regla y viéndolo entonces, sentado junto al lado opuesto del fuego —un hombre de cincuenta años, grande, bien proporcionado, con un rostro refinado y quizás un cierto aire ladino, pero también de gran talento y bondad—, era evidente en su mirada que apreciaba a Mr. Utterson con sincero y cálido afecto.

—Ya llevo un tiempo queriendo hablar contigo, Jekyll —dijo este último—. Es sobre tu testamento, ¿sabes?

Un observador atento hubiera podido notar que el tema le desagradaba, pero el doctor continuó la conversación con desenvoltura.

—Mi pobre Utterson —dijo—, qué mala fortuna la tuya al tenerme como cliente. Nunca he visto a nadie tan afectado como lo estás tú por mi testamento, salvo a ese pedante reaccionario de Lanyon por lo que él llama mis herejías científicas.

¡Oh, ya sé que es un buen hombre! No hace falta que frunzas el ceño, es un tipo excelente y me gustaría verlo con más frecuencia, pero aun así es un pedante y un reaccionario, un pedante y un completo ignorante. Lanyon ha sido mi mayor decepción.

—Ya sabes que nunca he estado de acuerdo con él —insistió Utterson, sin dejarse desviar por el cambio de tema.

—¿Mi testamento? Sí, soy muy consciente —dijo el doctor con cierta aspereza—. Ya me lo has dicho.

—Bueno, pues lo repito ahora —continuó el abogado—.

Me he enterado de algunas cosas sobre el joven Hyde.

El amplio y agraciado rostro del doctor Jekyll adquirió una palidez mortal.

—No quiero escuchar una palabra más —dijo—. Pensaba que habíamos decidido no volver a hablar del asunto.

—Lo que he sabido es una abominación —dijo Utterson.

—No me es posible hacer ningún cambio, no entiendes mi situación —replicó el doctor, de un modo un tanto incoherente—. Estoy en una posición delicada, Utterson, las circunstancias son muy extrañas... muy extrañas. Este caso no se puede solucionar con palabras.

—Jekyll —dijo Utterson—, me conoces bien, sabes que puedes confiar en mí. Descarga conmigo esta confidencia y no dudes de que podré sacarte del apuro.

—Mi buen Utterson —dijo el doctor—, eres muy amable, eres todo bondad, no encuentro palabras para agradecértelo y no dudo de lo que dices. Confiaría en ti antes que en nadie, ¡ay!, incluso antes que en mí mismo, si pudiera tomar esa decisión. Pero no se trata de lo que piensas, no es tan grave. Y solo por tranquilizar a tu buen corazón te diré una cosa: puedo librarme de Mr. Hyde en cuanto así lo decida. Te doy mi palabra de honor y te lo agradezco una y mil veces. Solo añadiré una cosa más, Utterson, y estoy seguro de que no lo tomarás a mal: se trata de un asunto personal y te ruego que lo dejes estar.

Utterson reflexionó un poco, con la vista en el fuego.

—No me cabe duda de que tienes razón —dijo al fin, poniéndose en pie.

—Bien. Pero ya que has mencionado el asunto, y por última vez, espero —continuó el doctor—, me gustaría que entendieras una cosa: tengo un profundo interés en el pobre Hyde. Ya sé que lo has visto, me lo ha contado, y me temo que se haya comportado con descortesía; pero de verdad que siento un enorme y sincero interés por ese joven. Y si un día faltase yo, Utterson, quisiera que me prometieras que tendrás paciencia con él y que harás valer sus derechos. Creo que así lo harías si conocieras todos los detalles y me quitarías un peso de los hombros si me lo prometieses.

—No voy a hacerte creer que llegaré a apreciarlo algún día —dijo el abogado.

—No te estoy pidiendo eso —rogó Jekyll, tomándolo del brazo—, no pido más que justicia, te pido solo que lo ayudes por mí cuando yo no esté.

Utterson no pudo evitar que se le escapase un suspiro.

—Está bien —dijo—, lo prometo.

C*asi un año después, en el mes de octubre de 18..., Londres se vio conmovida por un crimen de especial bru*talidad, que alcanzó extraordinaria notoriedad por la elevada posición de la víctima. Los detalles eran escasos, pero alarmantes. Una criada, que vivía sola en una casa cerca del río, había subido a su cuarto para acostarse alrededor de las once. Aunque la ciudad se hallaba cubierta por la niebla, que se había cerrado ya bastante tarde, durante las primeras horas la noche había estado despejada y la calle a la que daba la ventana de la criada estaba bien iluminada por la luna llena. Al parecer, la mujer tenía cierta vena romántica, pues se sentó en su baúl, situado justo debajo de la ventana, y se dejó llevar por sus fantásticas cavilaciones. Nunca, decía entre lágrimas cuando relataba la experiencia, nunca se había sentido más en paz con la humanidad ni había albergado sentimientos más benévolos hacia el mundo. Estando allí sentada observó que un anciano y distinguido caballero de cabello blanco se acercaba por la calle y que otro caballero, muy bajo, al que al principio apenas prestó atención, caminaba en dirección opuesta, avanzando hacia él. Cuando llegaron el uno frente al otro, justo debajo de la ventana de la sirvienta, el de más edad saludó al otro inclinando la cabeza y lo abordó con suma cortesía. No daba la impresión de que se dirigiera a él por un tema de gran importancia, de hecho, sus gestos parecían indicar que solo le estaba pidiendo indicaciones para orientarse. En aquel instante la luz de la luna se reflejó en su rostro y a la muchacha le agradó contemplarlo, pues parecía emanar inocencia y una amable disposición, propia de otros tiempos, pero también algo elevado, una cierta satisfacción personal bien fundada. Después, la mirada de la joven se dirigió hacia el otro hombre y se sorprendió al reconocer en él a un tal Mr. Hyde, que había visitado a su señor en una ocasión y que le había producido una repulsión inmediata. Aquel hombre jugueteaba con un pesado bastón que llevaba en la mano y no articulaba palabra, sino que parecía escuchar con impaciencia apenas contenida. Y entonces, sin previo aviso, estalló en un enorme arrebato de furia, pateando el suelo, blandiendo el bastón y comportándose como un demente (tal fue la descripción de la criada). El anciano caballero dio un paso atrás, con aire de gran sorpresa y algo ofendido. En ese momento, la cólera de Mr. Hyde se desató por completo y lo apaleó hasta derribarlo para, al instante siguiente, pisotearlo con furia simiesca y descargar sobre él una lluvia de golpes bajo la que los huesos crujieron audiblemente y el cuerpo rebotaba sobre el pavimento. Al ver y escuchar tales horrores, la criada se desvaneció.

Eran las dos de la madrugada cuando volvió en sí y avisó a la policía. El asesino había huido hacía mucho, pero la víctima continuaba allí tendida, en medio de la calle, horriblemente desfigurada. El bastón con el que se había cometido el crimen, aunque estaba hecho de una madera noble, muy dura y pesada, se había roto por la mitad, incapaz de soportar el esfuerzo al que se le había sometido en aquella crueldad demente. Una de las astilladas mitades había rodado hasta un arroyo cercano, la otra, sin duda, se la había llevado el asesino. A la víctima se le encontró una cartera y un reloj de oro, pero no llevaba encima tarjetas ni documentos, salvo un sobre sellado y lacrado, que seguramente se dirigía a depositar en el correo, y que llevaba el nombre y la dirección de Mr. Utterson.

Dicho sobre se le entregó al abogado a la mañana siguiente, antes incluso de que se hubiera levantado: no bien lo hubo visto y hubo conocido las circunstancias, pronunció las siguientes palabras solemnes:

—No diré nada hasta que vea el cuerpo —dijo—, podría ser un caso muy grave. Tengan la bondad de esperar mientras me visto.

Y con la misma expresión adusta se apresuró a terminar el desayuno y se dirigió a la comisaría de policía, adonde se habían llevado el cadáver, y tan pronto como tuvo acceso a él, afirmó:

—Efectivamente, lo reconozco. Y lamento tener que decir que se trata de sir Danvers Carew.

—¡Por el amor de Dios! ¿Es posible? —exclamó el policía. Y al instante sus ojos se encendieron de ambición profesional—. Esto podría causar un gran revuelo y quizás usted pueda ayudarnos a encontrar al culpable.

Dicho esto, procedió a referirle al abogado lo que había visto la criada y a mostrarle el bastón quebrado.

Mr. Utterson ya se había estremecido al escuchar el nombre de Hyde, pero cuando le presentaron el bastón ya no pudo albergar más dudas: roto y maltrecho como estaba, reconoció en él un regalo que le había hecho él mismo a Henry Jekyll muchos años atrás.

—¿Este Mr. Hyde es una persona de baja estatura? —preguntó.

—Muy bajo y de aspecto perverso, según la descripción de la criada —dijo el policía.

Mr. Utterson reflexionó un momento y luego, alzando la cabeza, dijo:

—Si me acompaña hasta mi coche, creo que puedo conducirlo hasta su casa.

Eran ya alrededor de las nueve de la mañana y habían entrado las primeras nieblas de la estación. Un gran manto oscuro cubría el cielo, pero el viento cargaba continuamente contra aquellos vapores, acosándolos y dirigiéndolos, de manera que, a medida que el coche avanzaba lentamente por las calles, Mr. Utterson iba contemplando una asombrosa variedad de tonos y matices del crepúsculo, pues un instante era oscuro como en las últimas horas del atardecer; al siguiente lucía un resplandor de un rico castaño rojizo, como la luz de una extraña conflagración; y momentos después, la niebla se disipaba brevemente y se veía brillar la demacrada claridad del día entre jirones como coronas mortuorias. Al contemplarlo a la luz de aquellos tonos cambiantes, el deprimido vecindario del Soho, con sus calles embarradas y sus desaliñados transeúntes, y sus farolas, que no se habían apagado, o se habían vuelto a encender para combatir aquella fúnebre invasión de tinieblas, le pareció al abogado un barrio de alguna ciudad de pesadilla.

Sus pensamientos eran, además, del tinte más sombrío y cuando observaba a su acompañante en esta carrera, sentía el mismo sentimiento de temor que la ley y sus agentes pueden llegar a infundir en ocasiones hasta en las gentes más honradas.

Ya se acercaba el coche a la dirección indicada cuando la niebla se despejó un poco para mostrarle una calle sórdida, una tasca de mala muerte, una casa de comidas francesa de poca monta, una tienda que vendía noveluchas por entregas y verduras baratas encurtidas, muchos niños desarrapados refugiados en los portales y muchas mujeres de distintas nacionalidades que salían a la calle, llave en mano, a buscar el primer trago de la mañana. Un instante después, la zona volvió a cerrarse de niebla, tan negra como el hollín, aislando a Utterson de aquel deprimido entorno. Allí era donde habitaba el protegido de Henry Jekyll, un hombre que habría de heredar un cuarto de millón de libras esterlinas.

Una anciana de pelo plateado y rostro marfileño abrió la puerta. La hipocresía disimulaba apenas la maldad de su rostro, pero sus modales eran excelentes. Dijo que sí, que Mr. Hyde vivía allí, pero que no se encontraba en casa; que había llegado muy tarde esa noche, pero que se había vuelto a marchar hacía menos de una hora; que aquello no tenía nada de extraño, pues era de hábitos muy irregulares y que se ausentaba a menudo; sin ir más lejos, hasta el día anterior, hacía casi dos meses desde la última vez que lo había visto.

—De acuerdo, entonces quisiéramos ver sus habitaciones —dijo el abogado, y cuando la mujer comenzó a alegar que no era posible, añadió—: Creo que debería informarle de que este caballero es el inspector Newcomen, de Scotland Yard.

El rostro de la mujer brilló en un destello de regocijo lleno de odio.

—¡Ajá —dijo—, se ha metido en apuros! ¿Qué es lo que ha hecho?

Mr. Utterson y el inspector cruzaron una mirada.

—Parece que no es un personaje muy querido —observó este último—. Y ahora, buena mujer, déjenos echar un vistazo a este caballero y a mí.

De toda la casa, en la que solo vivía aquella anciana, Mr. Hyde había hecho uso únicamente de dos habitaciones, pero estas estaban amuebladas con lujo y buen gusto. Había un armario lleno de vino; la vajilla era de plata; la mantelería, elegante; de la pared colgaba un buen cuadro, regalo (supuso Utterson) de Henry Jekyll, gran amante de la pintura; y las alfombras eran gruesas y de colores agradables. En aquel momento, sin embargo, ambas habitaciones mostraban todo el aspecto de que las acabasen de saquear: las ropas estaban esparcidas por el suelo, con los bolsillos vueltos del revés; los cajones, que disponían de cerradura, estaban abiertos de par en par; y en el hogar se veía un montón de cenizas, como si se hubieran quemado en él numerosos papeles. De entre los rescoldos el inspector desenterró el lomo de una chequera, que había sobrevivido a la acción del fuego y detrás de la puerta encontró la otra mitad del bastón. El policía se mostró encantado, pues todo esto confirmaba sus sospechas. Una visita al banco, donde se encontraron varios miles de libras depositados en la cuenta del asesino, acabó de completar su satisfacción.

—Puede estar tranquilo, señor —le dijo a Mr. Utterson—, lo tengo en mis manos. Debe de haber perdido la cabeza, o jamás hubiera abandonado así el bastón ni, sobre todo, prendido fuego a la chequera. ¡Ahora mismo el dinero le vale la vida! No tenemos más que ir al banco a esperarlo y publicar su descripción.

Esto último no resultó tan fácil como parecía, pues Mr. Hyde tenía contadas relaciones (ni siquiera el señor de la criada que había prestado testimonio lo había visto más que en un par de ocasiones), no hubo manera de encontrar a su familia, no existían fotografías suyas, y los testimonios de las pocas personas capaces de describirlo difería en gran medida, como suele acontecer con los observadores comunes. En un único punto estaban todos de acuerdo: en la sobrecogedora sensación de velada deformidad con que el fugitivo impresionaba a quienes lo habían visto.

EL INCIDENTE DE LA CARTA

La tarde de aquel día ya estaba avanzada cuando Mr. Utterson llegó hasta la puerta de la casa del doctor Jekyll, donde Poole lo hizo pasar al instante y lo acompañó, bajando a las cocinas y a través del patio que en tiempos había sido un jardín, hasta el edificio al que en la casa se referían como el laboratorio o la sala de disección. El doctor había comprado la casa a los herederos de un notorio cirujano y, dado que sus gustos personales se inclinaban más hacia la química que hacia la anatomía, le había dado un nuevo uso a la edificación del fondo del jardín. Era la primera ocasión en que se recibía al abogado en aquella parte de la casa de su amigo: contempló con curiosidad la deslucida estructura sin ventanas y miró a su alrededor con una desagradable sensación de extrañeza al pasar junto a las gradas donde tiempo atrás se apiñaban los entusiastas alumnos y que ahora permanecían desiertas y mudas. Había mesas atestadas de instrumental químico y cajas de madera diseminadas por todo el suelo, sembrado de paja para embalar, y la luz entraba tan solo a través de una velada cúpula de cristal. Al fondo de todo, un tramo de escaleras subía hasta una puerta forrada con tapete rojo, a través de la cual Mr. Utterson fue conducido al gabinete del doctor. Era una sala grande, con las paredes cubiertas de vitrinas, amueblada con un espejo de cuerpo entero y un escritorio, entre otras cosas; y cuyas tres ventanas polvorientas con rejas de hierro se abrían al patio. Ardía un fuego en el hogar, sobre la repisa de la chimenea descansaba una lámpara encendida, pues hasta en el interior de las casas se cerraba ya la oscuridad de la niebla, y allí, sentado al calor del fuego, se hallaba el doctor Jekyll, con aspecto de encontrarse enfermo de gravedad. No se levantó para recibir a su visitante, sino que se limitó a tenderle una mano helada y darle la bienvenida con la voz demudada.

—Y bien —dijo Mr. Utterson en cuanto Poole los hubo dejado—, ¿te han llegado las noticias?

El doctor se estremeció.

—Las contaban a gritos en la plaza —dijo—, se oían desde el comedor.

—Solo una palabra —dijo el abogado—. Carew era mi cliente, pero tú también lo eres y deseo saber a qué atenerme. Dime, ¿no habrás cometido la insensatez de ocultar a ese individuo?

—Utterson, te juro por Dios —exclamó el doctor—, te juro por Dios que no volveré a mirarle a la cara. Te doy mi palabra de honor de que he terminado con él en esta vida, esto se ha acabado. Y lo cierto es que él no necesita de mi ayuda, no lo conoces como yo: está a salvo, muy a salvo, escucha bien lo que te digo; no se volverá a saber de él.

El abogado escuchaba con el ánimo sombrío, pues no le gustaba el estado febril en que se encontraba su amigo.

—Pareces estar muy seguro —dijo— y, por tu bien, espero que no te equivoques. Tu nombre podría aparecer si se llegase a celebrar el juicio.

—Estoy bastante seguro —replicó Jekyll—. No puedo compartir contigo los motivos de mi certeza, pero sí hay una cosa en la que me puedes servir de consejo. He... he recibido una carta y no sé si debería mostrársela a la policía. Me gustaría dejarlo en tus manos, Utterson; estoy seguro de que tu juicio será acertado, confío plenamente en ti.

—Temes, imagino, que podría conducir a su detención —aventuró el abogado.

—No —dijo el otro—. Mentiría si dijese que me importa lo que se haga de Hyde. Ya no quiero tener nada que ver con él. Pensaba más bien en mi propia reputación, que ha quedado bastante comprometida por este terrible asunto.

Utterson meditó unos instantes. El egoísmo de su amigo le resultaba sorprendente, pero al mismo tiempo le producía un gran alivio.

—Está bien —dijo al fin—, muéstrame la carta.

La letra estaba escrita con una caligrafía extraña y picuda y firmada por «Edward Hyde». Explicaba, muy brevemente, que su benefactor, el doctor Jekyll, a cuya enorme generosidad había correspondido con ingratitud durante tanto tiempo, no debía alarmarse por su seguridad, pues disponía de medios completamente fiables para escapar. Al abogado le agradó bastante la carta, pues le daba un mejor cariz del que esperaba a aquella relación, y se sintió culpable por haber sospechado de él en el pasado.

—¿Conservas el sobre? —preguntó.

—Lo he quemado —replicó Jekyll— antes de pensar siquiera de qué se trataba, pero no llevaba timbre; la nota se entregó en mano.

—¿Me permites que la conserve y que esta noche medite sobre cuál es el mejor proceder? —preguntó Utterson.

—Quiero dejar la decisión enteramente a tu criterio —fue la respuesta—; ya no confío en mí mismo.

—De acuerdo, lo pensaré entonces —replicó el abogado—. Solo una cosa más: ¿fue Hyde quien dictó la cláusula de tu testamento en caso de tu desaparición?

El médico parecía a punto de desvanecerse, pero apretó los dientes y asintió.

—Lo sabía —dijo Utterson—. Pretendía asesinarte, te has librado de milagro.

—Ha sido más que un milagro —replicó el doctor con voz solemne—, ha sido una lección. ¡Dios mío, Utterson, qué lección he recibido!

Y tras decir esto se cubrió el rostro con las manos unos instantes.

Al salir, el abogado se detuvo a intercambiar unas palabras con Poole.

—A propósito —le dijo—, hoy se ha entregado una carta, ¿qué aspecto tenía el mensajero?

Pero Poole estaba muy seguro de que no había llegado nada salvo por correo.

—Y además —añadió—, hoy solo hemos recibido circulares.

El visitante se marchó a casa con sus temores renovados por estas noticias. Sin duda, la carta había llegado por la puerta del laboratorio. Era probable, incluso, que se hubiera redactado en el mismo gabinete, y de ser así era necesario considerarla de un modo distinto y proceder con más cautela. Los vendedores de periódicos, al pasar, gritaban los titulares hasta quedarse roncos: «¡Extra, extra! ¡Espeluznante asesinato de un parlamentario!». Aquella era la oración fúnebre de un amigo y cliente, y el abogado no pudo evitar sentir cierto recelo de que el buen nombre de otro más se viese engullido por el torbellino del escándalo. Era una decisión delicada, cuando menos, la que tenía que tomar, y por mucha confianza que normalmente tuviese en su buen criterio, comenzó a sentir la necesidad de pedir consejo. No podía pedirlo abiertamente pero pensó que quizás sería capaz de obtenerlo de manera indirecta.

No mucho más tarde se encontraba sentado junto a su propia chimenea con Mr. Guest, su pasante, frente a él, y entre los dos, a una distancia cuidadosamente estudiada del fuego, una botella de un vino especialmente añejo que había permanecido mucho tiempo en la oscuridad de su sótano. La niebla aún dormía, flotando sobre la ahogada ciudad, donde las farolas brillaban como tenues granates; y apagada y sofocada por estas nubes que habían descendido sobre ella, la procesión de la vida urbana continuaba bullendo por las grandes arterias con el sonido de un viento desatado. La sala, sin embargo, lucía alegre al resplandor del fuego. Los ácidos de la fermentación hacía tiempo que se habían evaporado de la botella; los tonos púrpura se habían suavizado con el tiempo, del mismo modo en que se enriquece el color de las vidrieras; y el resplandor de las cálidas tardes de otoño en las laderas de los viñedos estaba ya listo para obtener la libertad y dispersar las nieblas de Londres. El abogado se fue ablandando de manera casi imperceptible. A ningún otro hombre le guardaba tan pocos secretos como a Mr. Guest, y no siempre estaba seguro de estarle ocultando todos los que pretendía. Guest había visitado por negocios la casa del doctor en numerosas ocasiones, conocía a Poole, era imposible que no se hubiera enterado de la familiaridad de Mr. Hyde en aquella casa, incluso cabía la posibilidad de que hubiera sacado sus propias conclusiones, y, por lo tanto, ¿no debería conocer también el contenido de una carta que le permitiría formarse una idea más acertada sobre todo aquel misterio? Y, sobre todo, siendo como era Guest un gran conocedor y estudioso de la caligrafía, ¿no podría considerarse útil y natural dar aquel paso? Por otra parte, el pasante era un hombre acostumbrado a dar consejos, por lo que sería raro que leyese tan extraño documento sin hacer algún comentario, que podría ayudar a Mr. Utterson a decidir sus futuras acciones.

—Es lamentable lo de sir Danvers —dijo.

—Muy triste, desde luego. Ha conmovido a la opinión pública —asintió Guest—. Ese sujeto está loco, sin duda.

—Me gustaría escuchar su punto de vista —replicó Utterson—. Tengo en mi poder un documento de su puño y letra, pero debe quedar entre nosotros, pues aún no sé qué hacer al respecto. Se trata de un asunto turbio, como mínimo. Pero en fin, aquí lo tiene: el manuscrito de un asesino.

A Guest se le iluminaron los ojos y se sentó de inmediato a estudiarlo con entusiasmo.

—No, señor —dijo—, no está loco, pero se trata de una extraña caligrafía.

—También se trata de un extraño autor, se mire como se mire —añadió el abogado.

En ese mismo momento entró un criado con una nota.

—¿Es del doctor Jekyll? —se interesó el pasante—. Me ha parecido reconocer la letra. ¿Es un asunto confidencial, Mr. Utterson?

—Es solo una invitación a cenar. ¿Por qué, le gustaría verla?

—Tan solo un momento. Muchas gracias.

El pasante colocó las dos hojas de papel la una junto a la otra y comparó meticulosamente sus contenidos.

—Gracias, señor —dijo al fin, devolviéndole al abogado ambos documentos—, es un manuscrito muy interesante.

Se produjo una pausa durante la cual Mr. Utterson se debatió consigo mismo.

—¿Por qué las ha comparado, Guest? —preguntó de pronto.

—Pues verá —respondió el pasante—, existe una singular semejanza: ambas caligrafías son idénticas en muchos puntos, solo la inclinación las diferencia.

—Es bastante extraño —dijo Utterson.

—Bastante extraño, usted lo ha dicho —replicó Guest.

—Yo no mencionaría esta nota, ¿sabe usted? —dijo el abogado.

—No, señor —dijo el pasante—, lo comprendo.

Pero en cuanto Mr. Utterson se quedó a solas aquella noche, guardó la nota en la caja fuerte, donde descansó a partir de ese momento. «¿Cómo es posible? —pensó—. ¡Henry Jekyll convertido en falsificador por un asesino!». Y se le heló la sangre en las venas.

EL EXTRAORDINARIO INCIDENTE DEL DOCTOR LANYON

Pasó el tiempo; se ofrecieron miles de libras de recompensa, pues la muerte de sir Danvers había calado en el ánimo del público como una afrenta personal; pero Mr. Hyde se había escabullido de las pesquisas de la policía como si nunca hubiese existido. Salió a la luz gran parte de su pasado y todo en él era deshonroso: se supieron historias sobre la crueldad de aquel hombre, tan insensible y violento a la vez; de su vida infame; de sus extrañas relaciones; del odio que parecía rodear su trayectoria... pero de su actual paradero, ni una palabra. Se había esfumado desde el momento en que había abandonado su residencia del Soho la mañana del asesinato y, a medida que iba pasando el tiempo, Mr. Utterson comenzó a recobrarse poco a poco de sus peores temores y a sentirse más tranquilo consigo mismo. La muerte de sir Danvers quedó, a su parecer, más que compensada con la desaparición de Mr. Hyde, pues ahora que se hallaba libre de aquella perniciosa influencia, el doctor Jekyll había emprendido una nueva vida. Había salido de su reclusión, había renovado sus relaciones con sus amistades y había vuelto a ser el mismo anfitrión alegre y familiar de siempre. Y aunque sus contribuciones a la beneficencia siempre habían sido notables, ahora no era menos conocida su religiosidad. Llevaba una vida muy atareada, salía a menudo, obraba bien; parecía que el rostro se le había abierto e iluminado como por una profunda consciencia de servicio; y durante más de dos meses, el doctor vivió en paz.

El día 8 de enero, Utterson había cenado con un pequeño grupo en casa del doctor. También Lanyon había sido invitado y el anfitrión había vuelto a mirar a uno y al otro con la misma mirada que en los viejos tiempos, cuando los tres eran amigos inseparables. Sin embargo, el día 12, y de nuevo el 14, el abogado encontró las puertas del hogar de Jekyll cerradas para él. «El doctor se halla confinado en casa —le dijo Poole—, y no recibe a nadie». Volvió a intentarlo el día 15, pero de nuevo fue rechazado, y habiéndose acostumbrado en los últimos dos meses a ver a su amigo casi a diario, este regreso a la soledad cayó como una pesada losa sobre su espíritu. La quinta noche invitó a Guest a cenar con él y la sexta se desplazó a casa del doctor Lanyon.

Al menos allí no se le negaba la entrada, pero al ver al doctor quedó impresionado del cambio que se había producido en su aspecto. Llevaba una sentencia de muerte escrita en el rostro. Aquel hombre sonrosado se había tornado pálido; estaba consumido hasta los huesos, visiblemente más calvo y avejentado; y, sin embargo, no fueron siquiera estas muestras visibles de decadencia física las que más llamaron la atención del abogado, sino la mirada y los ademanes que parecían atestiguar un terror oculto asentado en las profundidades de su mente. No era probable que el médico temiese a la muerte, no obstante, eso fue lo que Utterson se vio tentado a pensar. «Sí —se dijo—, es médico, por eso es consciente del estado en que se encuentra y de que sus días están contados; y esa certeza le resulta insoportable». Y, sin embargo, cuando Utterson hizo alusión a su aspecto enfermizo, Lanyon mostró gran firmeza al declararse un hombre condenado.

—He sufrido un trauma —dijo— del que no me recuperaré jamás. Es cuestión de semanas. En fin, he tenido una vida agradable y la he disfrutado. La disfrutaba, sí. En ocasiones pienso que, si conociésemos toda la verdad, no nos costaría tanto abandonarla.

—Jekyll también está enfermo —comentó Utterson—. ¿Has sabido de él?

Pero a Lanyon se le demudó el rostro y alzó una mano trémula.

—No deseo saber nada más del doctor Jekyll, ni volver a verlo —dijo con voz fuerte, pero temblorosa—. Nuestra relación se ha terminado para siempre y te ruego que me ahorres cualquier alusión a un hombre que para mí ya está muerto.

—¡Bueno, bueno! —dijo Utterson, y tras una considerable pausa preguntó—: ¿Puedo hacer algo por ti? Los tres somos amigos desde hace mucho, Lanyon, no viviremos para hacer nuevas amistades.

—Nada se puede hacer —contestó Lanyon—, pregúntaselo a él mismo.

—Se niega a recibirme —dijo el abogado.

—No me sorprende en absoluto —fue la respuesta—. Algún día, Utterson, cuando yo haya muerto, tal vez llegues a conocer las luces y las sombras de toda esta historia, pero yo no puedo contártelas. Y mientras tanto, por el amor de Dios, si eres capaz de sentarte aquí conmigo y conversar sobre otros temas, te ruego que te quedes; pero si insistes en volver sobre este maldito asunto, márchate, en nombre de Dios, porque no lo soporto más.

En cuanto llegó a casa, Utterson se sentó a escribir a Jekyll, quejándose de cómo lo había apartado de su hogar y preguntándole por la causa de tan desafortunada ruptura con Lanyon. El día siguiente llegó con una larga respuesta: el estilo era lamentable en gran parte y algunos fragmentos no eran más que oscuras y misteriosas divagaciones. La disputa con Lanyon no tenía solución. «No culpo a nuestro viejo amigo —escribía Jekyll—, pero comparto su opinión de que no debemos volver a encontrarnos. Me propongo, a partir de ahora, llevar una vida de estricta reclusión, pero no debes sorprenderte ni dudar de mi amistad si encuentras mi puerta cerrada con frecuencia, incluso para ti. Debes soportar que vaya por el oscuro camino que he elegido. He atraído sobre mí un castigo y un peligro que no puedo ni nombrar. Si he sido el mayor de los pecadores, soy también el mayor de los penitentes. Nunca me imaginé que esta tierra albergase un lugar de sufrimientos y terrores tan inhumanos. Y no puedes hacer otra cosa, Utterson, para aligerar este destino que respetar mi silencio». Utterson estaba asombrado: la oscura influencia de Hyde había desaparecido; el doctor había vuelto a sus antiguas tareas y amistades; tan solo una semana atrás el futuro sonreía lleno de promesas de una vida longeva y feliz; y ahora, en un momento, la amistad, la tranquilidad de espíritu y la razón misma de su existencia parecían destruidas. Un cambio tan enorme e inesperado era indicio de locura, pero a la vista de las palabras y la actitud de Lanyon debía de haber una causa más profunda.

Una semana más tarde, el doctor Lanyon se vio obligado a guardar cama y, en menos de quince días, había fallecido. La noche después del funeral, en el que había mostrado una gran consternación, Utterson se encerró en su despacho y, allí sentado a la luz de una triste vela, sacó un sobre escrito de puño y letra de su querido amigo y lacrado con su sello y lo puso ante sí. «Confidencial: para J. G. Utterson exclusivamente. En caso de que este falleciese antes que yo, *debe destruirse sin ser leído*». Tan enfática advertencia hizo que el abogado temblase ante la idea de conocer su contenido. «Hoy he enterrado a un amigo —pensó—, ¿y si esto me costara otro?». Pero enseguida juzgó su temor deslealtad y rompió el lacre. Dentro encontró otro sobre, también lacrado, y en cuyo anverso decía: «no abrir hasta la muerte o desaparición del doctor Jekyll». Utterson no daba crédito a sus ojos. Sí, ahí estaba de nuevo la palabra desaparición, como en el demencial testamento que tiempo atrás había devuelto a su autor; ahí estaba de nuevo la idea de la desaparición asociada al nombre de Henry Jekyll. Pero en el testamento aquella idea había brotado de la siniestra sugerencia de aquel sujeto, Hyde; se había incluido allí con un propósito horrible y evidente. Escrita por la mano de Lanyon, ¿qué podía significar? Del fideicomisario se apoderó una gran curiosidad que le impulsaba a hacer caso omiso de la prohibición y sumergirse de una vez hasta el fondo en aquellos misterios, pero el honor profesional y la fe hacia su difunto amigo eran fuertes ataduras; así que el sobre fue a reposar en el rincón más oculto de su caja fuerte.

Una cosa es mortificar a la curiosidad y otra es vencerla, y no estaría en un error quien dudase de que, a partir de ese día, Utterson continuara deseando la compañía de su amigo superviviente con el mismo entusiasmo. Se acordaba de él con cariño, pero sus pensamientos estaban también llenos de inquietud y temor. Fue incluso a visitarlo, pero quizás se sintió aliviado cuando se le negó la entrada; tal vez, en el fondo de su corazón, prefería hablar con Poole en el umbral, rodeado del aire y los sonidos de la ciudad abierta, que ser recibido en aquella casa de cautiverio voluntario y sentarse a charlar con su inescrutable recluso. Poole, desde luego, no tenía noticias muy agradables que comunicar. Al parecer, el doctor se había confinado ahora más que nunca en el gabinete de su laboratorio, donde en ocasiones incluso dormía. Estaba alicaído, taciturno, no leía; parecía angustiado por algo. Utterson llegó a acostumbrarse de tal modo al cariz invariable de estos informes que comenzó a reducir poco a poco la frecuencia de sus visitas.

EL INCIDENTE DE LA VENTANA

*Sucedió que un domingo, mientras Mr. Utterson daba su habitual paseo con Mr. Enfield, su camino volvió a lle*varlos a recorrer la misma calleja y, al llegar frente a la famosa puerta, los dos se detuvieron para contemplarla.

—Bueno —dijo Enfield—, al menos esa historia ha llegado a su fin. Nunca más volveremos a ver a Mr. Hyde.

—Espero que no —dijo Utterson—. ¿No te he contado nunca que llegué a verlo una vez y compartí tu misma sensación de repulsión?

—Una cosa iba unida a la otra —respondió Enfield—. Y, por cierto, debiste de pensar que era un completo idiota por no darme cuenta de que se trataba de la parte trasera de la casa del doctor Jekyll.

—Así que lo averiguaste, ¿no? —dijo Utterson—. Si es así, podemos entrar en el patio y echar un vistazo a las ventanas. A decir verdad, estoy preocupado por el pobre Jekyll, y tengo la sensación de que aun desde fuera, la presencia de un amigo puede hacerle algún bien.

El patio era muy frío y húmedo, y estaba ya invadido de un prematuro crepúsculo aunque el cielo, muy alto sobre sus cabezas, todavía estuviese iluminado con la luz del atardecer. Una de las tres ventanas, la del centro, estaba entreabierta, y sentado junto a ella, tomando el fresco con un aire de infinita tristeza, como un desconsolado prisionero, Utterson vio al doctor Jekyll.

—¡Hombre, Jekyll! —exclamó—. Confío en que estés mejor.

—Estoy muy decaído, Utterson —replicó el doctor con tristeza—, muy decaído. No duraré mucho, gracias a Dios.

—Pasas demasiado tiempo encerrado —dijo el abogado—. Tienes que salir, activar la circulación como Mr. Enfield y yo. (Este es mi primo..., Mr. Enfield..., el doctor Jekyll.) ¡Venga, ponte el sombrero y sal a dar un paseo corto con nosotros!

—Te lo agradezco —suspiró el otro—, y me encantaría, pero no, no, no, es totalmente imposible; no me atrevo. Pero de verdad que me alegro mucho de verte, Utterson, es un gran placer. Te invitaría a subir con Mr. Enfield, pero esto no está en condiciones de recibir visitas.

—Bueno —dijo el abogado, de muy buen talante—, en ese caso lo mejor que podemos hacer es quedarnos aquí abajo y charlar contigo desde donde estamos.

—Eso mismo estaba a punto de proponer yo —replicó el doctor con una sonrisa.

Pero apenas había pronunciado estas palabras cuando se le borró del rostro la sonrisa, que fue reemplazada por una expresión tan abyecta de terror y desesperación que les heló la sangre a los dos caballeros que se encontraban abajo. A duras penas llegaron a vislumbrarla, pues al instante la ventana se cerró de un golpe, pero ese atisbo había sido suficiente y se dieron la vuelta para abandonar el patio sin articular palabra. Continuaron en silencio mientras recorrían la calleja y no fue hasta que hubieron llegado a una vía principal cercana, en la que incluso los domingos había cierta animación, que Mr. Utterson se volvió al fin para mirar a su compañero. Los dos estaban pálidos y sus ojos reflejaban el terror pintado en los del otro.

—Que Dios nos perdone, que Dios nos perdone —dijo Utterson.

Pero Mr. Enfield se limitó a asentir con aire grave y reemprendió la marcha, de nuevo en silencio.

LA ÚLTIMA NOCHE

Una noche, tras la cena, Mr. Utterson se hallaba sentado junto al fuego cuando recibió la sorprendente visita de Poole.

—¡Caramba, Poole! ¿Qué le trae por aquí? —exclamó, pero al mirarlo con más atención añadió—: ¿Qué le inquieta? ¿Está enfermo el doctor?

—Mr. Utterson —dijo Poole—, ocurre algo malo.

—Siéntese y tome una copa —dijo el abogado—. Ahora tranquilícese y dígame sin tapujos lo que quiera.

—Ya sabe cómo es el doctor, señor —replicó Poole— y cómo se encierra en sí mismo. Pues bien, está otra vez recluido en el gabinete y no me gusta nada, señor, que me muera si me gusta lo más mínimo. Tengo miedo, Mr. Utterson.

—Vamos, buen Poole —dijo el abogado—, hable con franqueza. ¿De qué tiene miedo?

—He estado así durante una semana —respondió Poole, empeñado en evitar la pregunta— y ya no puedo soportarlo más.

Su aspecto corroboraba sus palabras, sus ademanes estaban alterados y, salvo en el momento en que declaró su terror por primera vez, no le había mirado a la cara al abogado ni en una sola ocasión. Incluso entonces permanecía sentado con la copa de vino intacta sobre una rodilla y los ojos clavados en el suelo.

—No puedo soportarlo más —repitió.

—Vamos —dijo el abogado—, Poole, ya veo que tiene usted razones fundadas; veo que se trata de algo muy grave. Explíquemelo en la medida de lo posible.

—Creo que se ha cometido un delito —dijo Poole, con voz ronca.

—¡Un delito! —exclamó el abogado, bastante asustado y, en consecuencia, también irascible—. ¿Qué delito? ¿De qué está usted hablando?

—No me atrevo a decirlo, señor —fue la respuesta—, pero le suplico que me acompañe y lo compruebe en persona.

La respuesta de Mr. Utterson fue ponerse en pie para tomar el abrigo y el sombrero, aunque no dejó de observar con gran asombro el tremendo alivio que asomó en el rostro del mayordomo y, quizás no con menor pasmo, que el vino permanecía intacto cuando este dejó la copa para seguirlo.

Era una noche de marzo, fría y desapacible, como es propio de la estación. La pálida luna parecía descansar sobre su espalda, como si el viento la hubiese volcado entre un mar de algas diáfanas como tules. Hacía tanto viento que costaba hablar y arrebolaba los rostros. También parecía haber barrido las calles, más vacías de transeúntes de lo habitual, y Mr. Utterson pensó que jamás había visto aquella parte de Londres tan desierta. Hubiera deseado que no fuese así: nunca en su vida había sentido un deseo más acuciante de contacto humano pues, por más que se esforzase en lo contrario, en su mente pesaba un opresivo presentimiento de grandes calamidades. El viento y el polvo barrían la plaza cuando llegaron a ella, y el viento agitaba los árboles contra las ventanas. Poole, que había recorrido todo el camino un paso o dos por delante, se detuvo ahora en medio de la acera y, pese a los aguijones del mal tiempo, se quitó el sombrero y se secó la frente con un pañuelo rojo de bolsillo. Mucho se había apresurado en su regreso, pero no era la transpiración producida por el ejercicio lo que se enjugaba, sino el sudor fruto de una angustia asfixiante, pues tenía el semblante pálido y su voz, al hablar, sonaba áspera y rota.

—Aquí estamos, señor —dijo—, y quiera Dios que no haya ocurrido nada malo.

—Amén, Poole —respondió el abogado.

Enseguida, el mayordomo llamó con suma precaución, la puerta se abrió con la cadena puesta y una voz preguntó desde el interior.

—¿Es usted, Poole?

—Todo va bien —dijo Poole—, abre la puerta.

Al entrar, el vestíbulo los recibió bien iluminado: ardía un fuego intenso y todo el servicio, hombres y mujeres, se apiñaba como un rebaño de ovejas junto al hogar. Al ver a Mr. Utterson, el ama de llaves estalló en un histérico gimoteo, y la cocinera, exclamando «¡Alabado sea Dios, es Mr. Utterson!», se lanzó sobre él como si quisiera estrecharlo entre sus brazos.

—¿Cómo, cómo? ¿Qué hacen todos aquí? —dijo el abogado, de mal talante—. ¡Esto es muy irregular, muy inapropiado! Su señor no estaría contento, ni mucho menos.

—Todos tienen miedo —dijo Poole.

Siguió un silencio vacío en el que nadie protestó, tan solo la criada alzó la voz para llorar aún con más fuerza.

—¡Serénese!

El tono de Poole fue tan feroz que solo podía deberse al agitado estado de sus propios nervios. De hecho, en el momento en que la muchacha había elevado el tono de sus lamentos de manera tan repentina, todos los demás se habían sobresaltado, volviéndose hacia la puerta de dentro con una temerosa expectación pintada en los rostros.

—Y ahora —continuó el mayordomo dirigiéndose a un mozo de cocinas—, acércame una vela y acabemos con este asunto de una buena vez.

Luego le rogó a Mr. Utterson que le siguiese y lo guio hacia el jardín trasero.

—Ahora, señor —dijo—, acérquese lo más en silencio que pueda, porque quiero que oiga sin que lo oigan a usted. Y otra cosa, señor, si por casualidad le invitase a entrar, no lo haga.

Ante aquella inesperada observación, Mr. Utterson dio un respingo por los nervios que casi le hizo perder el equilibrio, pero recuperó la compostura y entró en el edificio del laboratorio siguiendo al mayordomo, para luego atravesar el aula de cirugía, abarrotada de cajas y botellas, hasta llegar al pie de las escaleras. Allí, Poole le indicó por señas que se situase a un lado y escuchase, mientras que él mismo, apartando la vela y haciendo evidente acopio de toda su resolución, subió las escaleras y golpeó con mano temblorosa sobre el tapete rojo de la puerta del gabinete.

—Mr. Utterson está aquí, señor, y desea verlo —dijo, indicando de nuevo al abogado con grandes aspavientos que aguzara el oído.

Una voz respondió desde el otro lado de la puerta.

—Dígale que no puedo ver a nadie —protestó.

—Gracias, señor —dijo Poole, cuya voz denotaba algo parecido al triunfo.

Y recogiendo la vela, condujo de nuevo a Utterson a través del patio hasta llegar a la gran cocina, donde el fuego se había apagado y las cucarachas correteaban por el suelo.

—Señor, dígame —inquirió, mirando a Mr. Utterson a los ojos—, ¿era esa la voz de mi amo?

—Parecía muy cambiada —replicó el abogado, sosteniéndole la mirada, pero pálido como el papel.

—¿Cambiada? Ya lo creo que estaba cambiada —dijo el mayordomo—. ¿Acaso he pertenecido a la casa del doctor durante veinte años para no reconocer su voz ahora? No, señor, el amo nos ha dejado... lo mataron hace ocho días, cuando lo escuchamos invocar a gritos el nombre de Dios. Pero ¿quién está ahí en su lugar y por qué permanece ahí? Es un caso que clama al cielo, Mr. Utterson.

—Esto que me cuenta es muy extraño, Poole, yo diría incluso que un disparate —dijo Mr. Utterson, mordiéndose las uñas—. Supongamos que es lo que usted se imagina, supongamos que al doctor Jekyll lo hubieran... bueno, lo hubieran asesinado. ¿Qué podría inducir al asesino a permanecer aquí? Eso no tiene sentido, no obedece a ninguna lógica.

—Ya veo, Mr. Utterson, que es usted un hombre difícil de convencer, pero lo he de lograr —dijo Poole—. Debe usted saber que, durante toda la semana pasada, él, o eso, o lo que quiera que esté viviendo en ese gabinete, ha estado noche y día pidiendo a gritos cierto medicamento y no hay manera de obtenerlo a su satisfacción. En algunas ocasiones nos escribía los pedidos (el amo, quiero decir) en un pliego de papel y lo tiraba en las escaleras; pues esta semana no hemos tenido otro medio de comunicación: papeles y más papeles y una puerta cerrada. Hasta las comidas se dejan allí para que las entre a hurtadillas cuando no lo ve nadie. Pues bien, señor, todos los días, ¡ay!, hasta dos y tres veces al día hemos encontrado pedidos y quejas, y se me ha enviado a todo correr a cuanto boticario mayorista hay en la ciudad. Y en cada ocasión, al entregarle el producto, surgía una nueva nota con la orden de devolverlo porque no era puro, y otro pedido más para una casa diferente. Necesita esa droga desesperadamente, sea cual sea el uso que le dé.

—¿Conserva alguno de esos papeles? —preguntó Mr. Utterson.

Poole se llevó la mano al bolsillo y sacó una nota arrugada que el abogado, inclinándose para acercarse a la vela, examinó minuciosamente. Su contenido era el siguiente: «El doctor Jekyll presenta sus saludos a los señores Maw y les asegura que su última muestra es impura y poco menos que inútil para su actual propósito. En el año 18..., el doctor Jekyll adquirió una cantidad bastante importante a los señores Maw, por lo que ahora les ruega que busquen meticulosamente y que si les quedase algo de producto de la misma calidad se lo envíen de inmediato. No se reparará en gastos, pues se trata de un asunto de vital importancia para el doctor Jekyll». Hasta entonces, la carta estaba redactada en los términos habituales, pero de pronto, tras un súbito garrapateo de la pluma, las emociones del autor se desataban. «Por el amor de Dios —añadía—, consíganme lo mismo de antes».

—Extraña nota —dijo Mr. Utterson, y añadió con suspicacia—: ¿Cómo es que está abierta?

—El empleado de Maw se enfadó bastante, señor, y me la tiró a la cara, como si fuera basura —dijo Poole.

—¿Se da cuenta de que esta es, fuera de toda duda, la letra del doctor? —prosiguió el abogado.

—Así me lo pareció —dijo el mayordomo, a regañadientes, y enseguida añadió, en otro tono—: Pero ¿qué importa la caligrafía? ¡Yo lo he visto!

—¿Que lo ha visto? —repitió Mr. Utterson—. ¿A qué se refiere?

—Así es —dijo Poole—. Ocurrió lo siguiente: yo estaba en el jardín y entré de pronto en el aula. Supongo que había salido a hurtadillas para buscar su pócima o lo que sea, pues la puerta del gabinete se hallaba abierta y allí estaba él, hurgando entre las cajas del fondo de la sala. Alzó la vista al entrar yo, dejó escapar una especie de grito, salió escaleras arriba como alma que lleva el diablo y se metió en el gabinete. No lo vi más que un momento, pero se me pusieron todos los pelos de punta. Señor, si aquel era mi amo, ¿por qué llevaba una máscara? Si era mi amo, ¿por qué gritó como una rata y huyó de mí? Hace mucho que le sirvo y además...

El mayordomo se detuvo y se pasó la mano por el rostro.

—Son extrañas circunstancias todas ellas —dijo Mr. Utterson—, pero creo que comienzo a ver la luz. Su amo, está claro, Poole, es presa de una de esas enfermedades que torturan y deforman a quien las padece: de ahí, creo yo, la alteración de la voz; de ahí la máscara y el evitar a sus amistades; de ahí su desesperación por encontrar la droga en la que su pobre alma ha depositado una última esperanza de recuperación. ¡Quiera Dios que no se equivoque! Esa es mi explicación. ¡Ay! Es muy triste, Poole, es desolador pensarlo, pero es una justificación sencilla, natural y coherente, y nos libra de temores exorbitados.

—Señor —dijo el mayordomo, palideciendo como el mármol—, esa cosa no era mi amo y esa es la verdad. Mi amo —al llegar a este punto miró a su alrededor y su voz se convirtió en un susurro— es un hombre alto y bien formado y aquello parecía un enano.

Utterson hizo ademán de protestar.

—¡Oh, señor! —exclamó Poole—. ¿Cree acaso que no reconozco a mi amo después de veinte años de servicio? ¿Cree que no sé a qué altura de la puerta del gabinete queda su cabeza? No, señor, esa cosa de la máscara no era el doctor Jekyll... Dios sabrá lo que era, pero el doctor Jekyll, no. Y el corazón me dice que se ha cometido un asesinato.

—Poole —replicó el abogado—, si eso es lo que piensa, mi deber sería corroborarlo. Por más que respete los deseos de su señor, por más que me desconcierte esta nota, que parece demostrar que sigue vivo, me consideraría en la obligación de echar esa puerta abajo.

—¡Ah, Mr. Utterson, así se habla! —exclamó el mayordomo.

—Y aquí llega la segunda cuestión —continuó Utterson—: ¿quién se va a encargar de hacerlo?

—¡Pues usted y yo, señor! —fue la firme respuesta.

—Muy bien dicho —replicó el abogado— y, ocurra lo que ocurra, me encargaré personalmente de que usted no salga perjudicado.

—En el aula de cirugía hay un hacha —continuó Poole— y usted puede usar el atizador de la cocina.

El abogado tomó el basto aunque contundente instrumento entre sus manos y lo blandió.

—¿Es consciente, Poole —dijo, mirando hacia arriba—, de que usted y yo estamos a punto de ponernos en una situación un tanto peligrosa?

—Usted lo dice, señor, y es verdad —respondió el mayordomo.

—Entonces convendría que nos sincerásemos —dijo el otro—, pues los dos pensamos más de lo que nos atrevemos a decir. Saquémonoslo de dentro. ¿Reconoció usted aquella figura enmascarada?

—Pues señor, la criatura aquella huyó como una exhalación e iba tan encorvada que no podría asegurarlo —fue la respuesta—. Pero si insinúa que era Mr. Hyde... ¡Pues sí, creo que era él! Verá, era más o menos del mismo tamaño y se movía con una ligereza semejante. Y, además, ¿quién si no hubiera podido entrar por la puerta del laboratorio? Supongo que no habrá olvidado, señor, que cuando ocurrió el asesinato todavía conservaba la llave. Pero eso no es todo. No sé, Mr. Utterson, si llegó usted a conocerlo en persona...

—Sí —dijo el abogado—, hablé con él en una ocasión.

—Pues entonces sabrá tan bien como todos nosotros que había algo extraño en ese caballero, algo que le revolvía a uno por dentro. No sabría explicarlo bien, señor, no puedo más que decir que solo con verlo le corre a uno un escalofrío helado por la espalda.

—Reconozco que yo mismo lo he sentido —dijo Mr. Utterson.

—Lo comprendo, señor —replicó Poole—. Pues bien, cuando esa especie de simio enmascarado surgió de un salto entre los productos químicos y salió disparado hacia el gabinete sentí como hielo bajándome por la espalda. ¡Oh! Ya sé que eso no demuestra nada, Mr. Utterson, tengo suficiente instrucción para saberlo, pero también tengo mis sentimientos y le juro sobre la Biblia que aquel era Mr. Hyde.

—¡Ay, ay! —dijo el abogado—. Mis temores apuntan en la misma dirección. Es el mal, me temo, el mal surgido de esa relación, pues otra cosa no podía venir de ella. ¡Ay! De verdad que le creo, creo que el pobre Henry ha muerto y creo que su asesino sigue acechando en el cuarto de su víctima, aunque con qué propósito, solo Dios puede saberlo. Sea, pues, venganza nuestro nombre. Llame a Bradshaw.

El lacayo acudió a la llamada, muy pálido y nervioso.

—Serénese, Bradshaw —dijo el abogado—. Me doy cuenta de que esta incertidumbre les pesa a todos en el ánimo, pero es nuestra intención ponerle fin. Poole y yo vamos a entrar por la fuerza en el gabinete. Si todo está como debe, mis espaldas son suficientemente anchas para cargar con toda la culpa. Pero en caso de que en verdad algo se haya torcido o de que algún malhechor escapase por la puerta de atrás, usted y el chico deben aguardar a la vuelta de la esquina con un buen par de bastones y apostarse junto a la puerta del laboratorio. Les daremos diez minutos para situarse.

El abogado consultó su reloj en el momento de salir Bradshaw y dijo:

—Ahora, Poole, ocupemos nuestros puestos.

Y colocándose el atizador bajo el brazo, abrió la marcha hacia el jardín. Las rápidas nubes se habían amontonado ante la luna y la oscuridad era casi total. El viento, que solo llegaba a rachas a las profundidades del edificio, agitaba la luz de la vela durante el camino hasta el aula de cirugía, donde encontraron refugio y se sentaron en silencio, a esperar. Los rodeaba el grave zumbido de Londres, pero más cerca, el único sonido que rompía la quietud era el de unas pisadas que recorrían el gabinete de un lado a otro.

—Así se pasa el día, caminando, señor —susurró Poole—, y también la mayor parte de la noche. Solo se produce una breve tregua cuando llega una nueva muestra del boticario. ¡Ah, no hay mayor enemigo del descanso que la conciencia culpable!

¡Detrás de cada uno de esos pasos hay sangre cruelmente derramada, señor! Pero atienda otra vez, acérquese un poco más; escuche con el corazón, Mr. Utterson, y dígame si son esos los pasos del doctor.

Los pasos sonaban ligeros e irregulares, con una cierta cadencia, pese a su lentitud; muy diferentes, desde luego, de las fuertes pisadas de Henry Jekyll. Utterson suspiró.

—¿Es lo único que se oye? —preguntó. Poole asintió, pero dijo:

—En una ocasión... ¡en una ocasión escuché sollozos!

—¿Sollozos? ¿Cómo es eso? —dijo el abogado, experimentando un súbito escalofrío de horror.

—Sollozos como de una mujer o de un alma en pena —dijo el mayordomo—. Me marché tan apesadumbrado que a punto estuve de llorar yo también.

Pero los diez minutos ya llegaban a su fin. Poole sacó el hacha de debajo de un montón de paja de embalar, colocaron la vela sobre la mesa más cercana para que les proporcionase luz durante el ataque, y se acercaron con el alma en vilo hasta donde aquellos pasos impacientes continuaban yendo y viniendo, arriba y abajo, en el silencio de la noche.

—¡Jekyll! —exclamó Utterson alzando la voz—. ¡Exijo que me dejes verte!

Aguardó un momento, pero no obtuvo respuesta.

—Te advierto de que abrigamos sospechas. He venido a verte y lo haré —prosiguió—, si no es por las buenas, será por las malas; si no das tu consentimiento usaremos la fuerza bruta.

—Utterson —dijo la voz—, ¡ten piedad, por el amor de Dios!

—¡Esa no es la voz de Jekyll, es Hyde! —exclamó Utterson—. ¡Eche abajo la puerta, Poole!

Poole levantó el hacha por encima del hombro. El golpe sacudió el edificio y la puerta tapizada de rojo saltó sobre los goznes. Un lúgubre chillido, como de terror animal, resonó en el gabinete. El hacha volvió a ascender y de nuevo crujió la madera y titiló la llama. Cuatro golpes se descargaron, pero la madera era resistente y los herrajes, de excelente manufactura, y no fue sino el quinto el que logró descerrajarla, haciendo que la destrozada puerta se desplomase sobre la alfombra.

Los asaltantes, paralizados por su propio vandalismo y el silencio que siguió, retrocedieron un poco y escudriñaron el interior. Ante sus ojos hallaron el gabinete, a la quieta luz de las lámparas; un buen fuego ardía y crepitaba en el hogar; la tetera cantaba su suave acorde; había uno o dos cajones abiertos; sobre el escritorio descansaban unos papeles, pulcramente ordenados; y junto al fuego, el servicio estaba dispuesto para el té. Podría decirse que aquella era la más tranquila de las habitaciones y, de no ser por las vitrinas llenas de productos químicos, la más ordinaria que pudiera hallarse en Londres aquella noche.

En el mismo centro de la sala yacía el cuerpo de un hombre, horriblemente contorsionado y todavía retorciéndose. Se acercaron de puntillas, lo volvieron boca arriba y contemplaron el rostro de Edward Hyde. Llevaba ropas demasiado grandes para él, de la talla del doctor; los músculos de la cara aún se movían, como si estuviese vivo, pero la vida lo había abandonado; y a juzgar por el vial destrozado que tenía en la mano y el fuerte olor a almendras que impregnaba el aire, Utterson supo que estaba contemplando el cadáver de un suicida.

—Hemos llegado tarde —dijo consternado—, tanto para salvar como para castigar. Hyde se ha ido a enfrentarse a su juicio último y a nosotros no nos queda más que encontrar a su amo, Poole.

La mayor parte del edificio estaba ocupada por el aula de cirugía, que comprendía casi toda la planta baja y estaba iluminada desde arriba, y por el gabinete, que formaba una especie de planta superior en uno de los extremos y que miraba hacia el patio. Un corredor unía el aula a la puerta de la calleja y se comunicaba con el gabinete, a su vez, mediante un segundo tramo de escaleras. Había, además, algunos armarios oscuros y un amplio sótano. Todo ello fue registrado a conciencia. Los armarios no precisaban más que un vistazo, pues todos se hallaban vacíos y llevaban mucho tiempo cerrados, a juzgar por el polvo que se desprendía de las puertas al abrirlas. El sótano estaba abarrotado de trastos inservibles, casi todos de la época del cirujano predecesor de Jekyll, pero ya desde el momento en que abrieron la puerta se hizo evidente que continuar la búsqueda allí era inútil, pues se les vino encima un perfecto tapiz de telarañas que durante años había ido sellando la entrada. No había rastro de Henry Jekyll, ni vivo ni muerto, por ninguna parte.

Poole golpeó con los pies las baldosas del corredor.

—Debe de estar enterrado aquí —dijo, aguzando el oído.

—Quizás haya huido —dijo Utterson, y se volvió para examinar la puerta de la calleja. Estaba cerrada y la llave se hallaba junto a ella, tirada sobre las baldosas y ya cubierta de herrumbre.

—Parece que hace mucho que no se usa —observó el abogado.

—¿Usarla? —repitió Poole—. ¿No ve que está rota, señor?

Parece que la hubieran pisoteado.

—También parece oxidada por donde está quebrada —continuó Utterson.

Los dos hombres se miraron asustados.

—Esto supera mi entendimiento, Poole —dijo el abogado—. Regresemos al gabinete.

Subieron los peldaños en silencio, y sin dejar de echar un atónito vistazo al cadáver de vez en cuando, procedieron a examinar con detenimiento el contenido del gabinete. En una mesa se veían rastros de algún experimento químico: varias medidas de una especie de sal blanca sobre platillos de cristal, dispuestos para algún ensayo que el desgraciado doctor no pudo finalizar.

—Es la misma sustancia que yo siempre le traía —dijo Poole, y aún no había pronunciado la última palabra cuando la tetera comenzó a hervir, sobresaltándolos con su silbido.

Esto los llevó a acercarse al fuego, al que había arrimado un confortable sillón y junto a él, al alcance de quien allí se sentara, se encontraba dispuesto el juego de té, con el azúcar ya servido en la taza. Había varios libros en una estantería y junto al servicio de té, se veía otro más, abierto. Utterson se sorprendió al comprobar que se trataba de una obra religiosa por la que Jekyll había mostrado gran estima en numerosas ocasiones, en la que había anotadas horribles blasfemias de su puño y letra.

Continuando con su registro del gabinete se detuvieron ante un espejo de cuerpo entero, a cuyas profundidades se asomaron con horror involuntario, pero se hallaba orientado de manera que no mostraba más que el resplandor rosado que jugueteaba en el techo, el fuego que centelleaba repetido cien veces en los cristales de las vitrinas y sus propios semblantes pálidos y atemorizados, al inclinarse para mirar en él.

—Este espejo ha visto cosas muy extrañas, señor —susurró Poole.

—Y, sin duda, ninguna más extraña que él mismo —añadió el abogado en el mismo tono—. ¿Qué haría Jekyll...? —se detuvo en esa palabra, sobresaltado, pero se dominó y prosiguió— ¿Qué uso podría darle Jekyll?

—¡Dígamelo usted! —exclamó Poole.

A continuación se centraron en el escritorio. Sobre él, entre los papeles, pulcramente dispuestos, destacaba un sobre grande con el nombre de Utterson escrito con la caligrafía del doctor. Al romper el lacre el abogado, cayeron al suelo varios documentos: el primero eran las últimas voluntades del doctor, redactadas en los mismos términos excéntricos que el documento que Utterson le había devuelto seis meses atrás, para que sirviese como testamento en caso de muerte y como escritura de donación en caso de desaparición; pero en lugar del nombre de Edward Hyde, el abogado, con indescriptible desconcierto, encontró el de Gabriel John Utterson. Volvió la vista hacia Poole, luego de nuevo hacia el papel y, por último, hacia el malhechor muerto que yacía en la alfombra.

—No lo entiendo —dijo—. Esto lleva días en su poder y no tenía motivo alguno para sentir simpatía hacia mí, así que se habrá enfurecido al verse desplazado, pero aun así no ha destruido el documento.

Tomó el siguiente documento: era una breve nota escrita del puño y letra del doctor, encabezada con la fecha.

—¡Oh, Poole! —exclamó el abogado—. ¡Ha estado hoy mismo aquí, y vivo! ¡No puede haberse deshecho de él en tan poco tiempo, tiene que continuar con vida, ha escapado, sin duda! Y sin embargo, ¿por qué huir? ¿Y cómo? Y en ese caso, ¿podemos aventurarnos a declarar que esto es un suicidio? ¡Debemos ser cuidadosos! Me temo que todavía podemos implicar a su amo en alguna terrible catástrofe, Poole.

—¿Por qué no lee la nota, señor? —preguntó Poole.

—Por temor —replicó el abogado, solemne—. Quiera Dios que sea infundado.

Y con estas palabras fijó la vista en el papel y leyó lo siguiente:

> *Mi querido Utterson:*
>
> *Cuando la presente llegue a tus manos habré desaparecido en circunstancias que no soy capaz de anticipar, pero mi instinto y todas las particularidades de la indescriptible situación en que me hallo me indican que el fin se acerca inexorable. Así pues, lee primero el informe que, según Lanyon me ha advertido, tienes en tus manos, y si al terminar aún sientes deseos de saber más, lee la confesión de tu indigno y desdichado amigo,*
>
> Henry Jekyll

—¿Había un tercer documento? —preguntó Utterson.

—Aquí lo tiene, señor —dijo Poole, y le entregó un voluminoso legajo lacrado por varias partes.

El abogado lo guardó en su bolsillo.

—Yo no diría nada de este escrito. Su amo ha huido o está muerto, salvaguardemos al menos su honor. Han dado ya las diez, debo regresar a casa y leer estos documentos con tranquilidad, pero volveré antes de medianoche, cuando envíe a alguien a buscar a la policía.

Salieron, cerrando tras de sí la puerta del aula de cirugía, y entonces Utterson, dejando de nuevo al servicio reunido alrededor de la chimenea del vestíbulo, regresó caminando fatigosamente a su oficina para leer los relatos que acabarían por explicar aquel misterio.

EL RELATO DEL DOCTOR LANYON

El 9 de enero, hace hoy cuatro días, me llegó con el correo de la tarde una carta certificada de mi colega y antiguo compañero de estudios Henry Jekyll. Me resultó bastante sorprendente, pues no teníamos en absoluto la costumbre de intercambiar correspondencia; de hecho, lo había visto y había cenado con él la noche anterior y además nuestro trato no justificaba en absoluto ese nivel de formalidad. El contenido de la nota incrementó mi asombro, pues decía así:

10 de diciembre de 18...

Querido Lanyon:

Eres uno de mis más antiguos amigos y aunque en ocasiones hemos disentido en cuestiones científicas, no recuerdo que jamás se haya roto el afecto que nos profesamos, al menos no ha sido así por mi parte. No ha pasado un solo día en que, si tú me hubieras dicho «Jekyll, mi vida, mi honor, mi cordura dependen de ti», yo no hubiera sacrificado mi fortuna o mi mano izquierda por ayudarte. Lanyon, mi vida, mi honor, mi cordura se encuentran a tu merced; si me fallas esta noche, estoy perdido. Supondrás, tras esta interrupción, que voy a pedirte que hagas algo deshonroso. Júzgalo tú mismo.

Quiero que por esta noche pospongas cualquier otro compromiso, aunque se te requiriese a la cabecera de un emperador, que tomes un coche (a menos que el tuyo propio se halle ya a la puerta) y que con esta carta en las manos como referencia, te encamines sin demora a mi casa. He dado instrucciones a Poole, mi mayordomo, y lo encontrarás esperando tu llegada con un cerrajero. A continuación, se forzará la puerta de mi gabinete, al que solo tú entrarás para abrir el armarito de la izquierda (letra E), rompiendo la cerradura si es necesario, y recoger, con todo lo que contiene, el cuarto cajón empezando por arriba o (lo que es lo mismo), el tercero empezando por abajo. En mi actual estado mental, tengo un miedo enfermizo de darte mal las instrucciones a causa de la angustia, pero, aunque me esté equivocando, reconocerás el cajón por su contenido: unos polvos, un vial y un libro. Te ruego que regreses a Cavendish Square con ese cajón en las mismas condiciones en las que se encuentra.

Esa es la primera parte del favor que te pido: ahora viene la segunda. Deberás estar de vuelta, si sales en cuan-

to recibas esta misiva, mucho antes de medianoche, pero te dejaré todo ese tiempo de margen, no solo por temor a que surja alguna de esas eventualidades que uno no puede predecir ni remediar, sino también porque lo que resta por hacer es preferible llevarlo a cabo a una hora en que el servicio esté ya acostado. Así pues, a medianoche te pido que te encuentres a solas en tu consulta para recibir a un caballero que se presentará en mi nombre y al que le entregarás el cajón que te habrás llevado de mi gabinete. En ese momento habrá concluido el encargo y te habrás ganado mi eterna gratitud. Cinco minutos más tarde, si insistes en recibir una explicación, habrás comprendido que todos estos pasos son de vital importancia y que la omisión de uno solo de ellos, por increíble que pudiera parecer, podría hacer recaer sobre tu conciencia mi muerte o la pérdida de mi razón.

Por más que confío en que comprenderás la importancia de esta petición, se me encoge el corazón y me tiemblan las manos ante la mera idea de semejante posibilidad. Imagíname a esta hora, en un lugar desconocido, batallando entre las tinieblas de una angustia que la fantasía no podría exagerar, y al mismo tiempo consciente de que si me prestas puntual ayuda, todos mis problemas se desvanecerán como las palabras finales de un cuento. Ayúdame, querido Lanyon, y salva a tu amigo,

H.J.

P.D.: Ya había lacrado la carta cuando un nuevo terror ha invadido mi espíritu. Es posible que el correo me falle y esta carta no te llegue hasta mañana por la mañana. En ese caso, querido Lanyon, lleva a cabo mi encargo en el momento del día que te resulte más conveniente. Puede que ya sea demasiado tarde y, si esa noche transcurre sin incidentes, sabrás que nunca volverás a ver a Henry Jekyll.

Al leer esa carta quedé convencido de que mi colega había perdido el juicio, pero hasta que esto no se demostrase fuera de toda duda, me sentía obligado a hacer lo que me pedía. Como apenas comprendía aquel embrollo, tampoco me encontraba en posición de juzgar su importancia, pero no podía desoír una petición expresada en tales términos sin sentir una grave responsabilidad. Así que me levanté de la mesa, tomé un coche y me encaminé directamente hasta la casa de Jekyll. El mayordomo me estaba aguardando, pues también le había llegado en el correo una carta certificada con instrucciones y había hecho llamar a un cerrajero y un carpintero de inmediato. Ambos llegaron mientras estábamos todavía hablando y pasamos todos juntos a la antigua aula de cirugía del doctor Denman, desde la que se accede cómodamente (como sin duda sabes) al gabinete privado del doctor

Jekyll. La puerta era muy robusta y la cerradura, excelente. El carpintero aseguró que le costaría un gran esfuerzo y causaría muchos daños si llegase a ser necesario el uso de la fuerza; el cerrajero llegó al borde de la desesperación, pero era un hombre habilidoso y al cabo de dos horas de trabajo logró abrir la puerta. El armarito marcado con la letra E estaba abierto, así que saqué el cajón, lo hice rellenar de paja y envolver con papel, y regresé con él a Cavendish Square.

Una vez allí, procedí a examinar su contenido. Los polvos estaban bastante bien empaquetados, pero no con el detalle propio de un boticario profesional, así que se me hizo evidente que era una preparación de Jekyll, y cuando abrí uno de los envoltorios, descubrí lo que parecía una simple sal cristalina de color blanco. El vial, en el que me concentré a continuación, estaba lleno más o menos hasta la mitad con una solución de color rojo sangre y de olor muy acre que me dio la impresión de contener fósforo y algún éter volátil. Los demás ingredientes no los pude adivinar. El libro era un cuaderno de apuntes corriente que no contenía mucho más que una serie de fechas, pero observé que las anotaciones habían cesado casi un año antes de manera bastante repentina. Aquí y allá se había añadido a las fechas una breve anotación, casi todas ellas de una única palabra, «doble», que aparecía quizás unas seis veces entre un total de varios cientos de entradas; y en una única ocasión, muy al principio de la lista y con varios signos de exclamación, se leía «¡¡¡¡fracaso absoluto!!!!». Aunque todo aquello alimentaba mi curiosidad no me aclaraba nada. Tenía ante mí un vial con no sé qué clase de solución, un envoltorio con unas sales y el registro de una serie de experimentos que no habían conducido (como muchas de las investigaciones de Jekyll) a ninguna finalidad práctica. ¿De qué manera podría afectar al honor, la cordura o la vida de mi veleidoso colega la presencia de ninguno de aquellos artículos en mi casa? Si su mensajero podía llegarse hasta mi casa, ¿por qué no podía acudir a la de él? Y aun suponiendo que existiera algún impedimento para esto, ¿por qué tenía que recibir a aquel caballero en secreto? Cuantas más vueltas le daba, más convencido me encontraba de que me enfrentaba a un caso de enfermedad cerebral, y aunque despedí al servicio y le di permiso para acostarse, cargué un viejo revólver, por si llegara a verme en la necesidad de defenderme.

Apenas había caído la medianoche sobre Londres, cuando se oyeron unos leves golpes de la aldaba en la puerta. Acudí yo mismo a la llamada y encontré a un hombrecillo agazapado contra los pilares del porche.

—¿Viene usted de parte del doctor Jekyll? —le pregunté. Me dijo que sí con un gesto forzado y entró en la casa cuando lo invité a pasar, pero no sin antes echar por encima del hombro un vistazo inquisidor hacia la oscuridad de la plaza. No lejos de allí había un policía, que avanzaba alumbrándose con una linterna y me dio la impresión de que, al verlo, mi visitante se apresuraba a entrar, sobresaltado.

Todo esto me sorprendió desagradablemente, he de confesarlo, así que mantuve la mano dispuesta a empuñar el arma mientras lo seguía hacia la bien iluminada sala de consulta. Allí tuve al fin la oportunidad de verlo con claridad y si de algo estoy seguro es de que no le había puesto los ojos encima jamás. Era bajo, como ya he dicho, pero lo que más me impresionó fue la sorprendente expresión de su rostro: una curiosa combinación de gran actividad muscular y gran debilidad aparente de constitución. Por último, pero no por ello menos importante, me dejó atónito la peculiar sensación de incomodidad, totalmente subjetiva, que producía su sola presencia y que era semejante a una incipiente rigidez acompañada por una notable ralentización del pulso. En aquel momento la atribuí a mi propia inclinación, a una repugnancia personal, y simplemente me asombró la agudeza de los síntomas; pero desde entonces han surgido motivos para creer que la causa se encontraba arraigada en algo más profundo, en la misma naturaleza humana, y que obedecía a un mecanismo más noble que el mero odio.

El atuendo de esta persona (que desde el momento de su llegada había despertado en mí lo que no puedo sino describir como una mezcla de curiosidad y repulsión) hubiera resultado ridículo en un cualquiera pues las prendas, aun siendo de tejidos nobles y sobrios, eran enormes para su talla: los pantalones le colgaban en las piernas y llevaban los bajos doblados para que no arrastrasen por el suelo, la cintura de la chaqueta le llegaba por debajo de la cadera y el cuello se le desparramaba por los hombros. Pero, aunque parezca extraño, tan ridículo atuendo no me causó risa, ni mucho menos; al contrario, ese algo anormal y aberrante que desprendía la propia esencia de la criatura ante la que me hallaba (algo sorprendente, repulsivo, que se apoderaba de uno) hacía que aquella incongruencia pareciese apropiada e incluso lo reforzaba. De modo que a mi interés por la naturaleza y el carácter de aquel hombre se añadió la curiosidad por conocer sus orígenes, su vida, su fortuna y su posición en el mundo. Estas observaciones, que ocupan aquí tanto espacio, fueron cosa de apenas unos segundos, pues a mi visitante lo consumía una sombría agitación.

—¿Lo tiene? —exclamó—. ¿Lo tiene?

Y tal era su impaciencia que llegó a ponerme la mano en el hombro con intención de sacudirme.

Yo lo aparté, pues al tocarme sentí como un helado escalofrío en la sangre.

—Caballero —dije yo—, olvida usted que todavía no he tenido el gusto de conocerlo. Le ruego que tome asiento.

Y, dándole ejemplo, yo mismo me senté en mi sillón tratando de imitar lo mejor posible mis habituales modales con mis pacientes, en la medida en que me lo permitían la naturaleza de mis preocupaciones, lo avanzado de la hora y el horror que me inspiraba mi visitante.

—Le ruego que me disculpe, doctor Lanyon —replicó con bastante corrección—. Tiene usted mucha razón en lo que dice y mi impaciencia se ha adelantado a mi cortesía. He venido aquí a instancias de su colega, el doctor Jekyll, con motivo de un asunto que no nos ocupará más que un momento y tengo entendido... —se detuvo aquí, llevándose las manos a la garganta, y me di cuenta, pese a sus serenos modales, de que pugnaba por controlar un ataque de histeria—, tengo entendido que se trata de un cajón...

Pero en ese momento me apiadé de la incertidumbre de mi visitante y quizás también de mi propia curiosidad, que se iba incrementando cada vez más.

—Ahí lo tiene, señor —dije, señalando el cajón, que se encontraba en el suelo detrás de una mesa, aún envuelto en papel. Se levantó de un salto para recogerlo, pero enseguida se detuvo y se llevó la mano al corazón. Oí perfectamente el rechinar de sus dientes por la acción convulsa de las mandíbulas, y espantaba de tal manera ver su rostro que llegué a alarmarme por su vida y su razón.

—Serénese, caballero —dije yo.

Me dirigió una horrorosa sonrisa y, con el arrojo que nace de la desesperación, destrozó el envoltorio. Al ver el contenido del cajón dejó escapar un gemido que expresaba un alivio tan grande que me quedé petrificado en la silla. Y al instante siguiente, habiendo recuperado ya cierto control sobre la voz, me preguntó:

—¿Tiene usted un vaso graduado?

Me puse en pie, no sin esfuerzo, y le di lo que me pedía.

Él me lo agradeció asintiendo con una sonrisa, midió una pequeña cantidad de la solución roja y añadió un poco de aquellos polvos. La mezcla, que tenía al principio un color rojizo, comenzó, a medida que se iban disolviendo los cristales, a adoptar un tono más vivo, a burbujear audiblemente y a despedir leves vapores. De pronto, y en el mismo instante, se detuvo la ebullición y el compuesto adquirió un color morado oscuro que de nuevo fue cambiando poco a poco a un verde acuoso. Mi visitante, que había observado todas estas metamorfosis con atención, sonrió, dejó el vaso sobre la mesa y luego se volvió para mirarme con aire inquisitivo.

—Y ahora —dijo— zanjaremos del todo este asunto. ¿Será usted juicioso? ¿Se dejará guiar? ¿Me permitirá tomar ese vaso en la mano y abandonar su morada sin más discusión o se dejará dominar por la avariciosa curiosidad? Piense antes de responder, pues se hará como usted decida. Según lo que decida, permanecerá como hasta ahora, ni más sabio ni más rico, salvo que la certeza de haberle prestado un gran servicio a un hombre en peligro mortal pueda considerarse una riqueza para el alma; o, si lo prefiere, se abrirán ante usted nuevos campos de conocimiento, nuevos caminos hacia la fama y el poder, aquí mismo, en esta sala, en este mismo instante, y sus ojos quedarán deslumbrados por un prodigio que haría tambalearse la incredulidad del mismo Satanás.

—Caballero —dije yo, fingiendo una tranquilidad que estaba muy lejos de poseer en realidad—, habla usted con acertijos y probablemente no se extrañará de que al escucharle dé pocas muestras de creer lo que dice. Pero ya me he involucrado demasiado en este favor inexplicable para hacerme a un lado sin ver el final.

—Como desees, Lanyon —replicó mi visitante—. Pero recuerda tus votos: lo que ocurrirá a continuación se encuentra bajo el sello confidencial de nuestra profesión. Y ahora, tú, que durante tanto tiempo has defendido los puntos de vista más estrechos y materialistas; tú, que has negado las virtudes de la medicina trascendental; tú, que te has mofado de hombres superiores a ti... ¡observa!

Se llevó el vaso a los labios y se bebió el contenido de un trago. Dejó escapar un grito, se retorció, se tambaleó y se aferró a la mesa para sostenerse, mirando al vacío con los ojos inyectados en sangre y la boca abierta. Creí ver que comenzaba a producirse un cambio: daba la impresión de que se hinchaba, la cara se le puso negra de pronto y sus facciones parecían fundirse y alterarse. En ese momento me puse en pie de un salto y retrocedí hasta la pared, protegiéndome con el brazo en alto de aquel prodigio y con la mente sumida en el terror.

—¡Dios mío! ¡Dios mío!

No podía dejar de gritar, pues allí, ante mis propios ojos —pálido y convulso, medio desmayado, y tanteando todo cuanto le rodeaba como un hombre que ha vuelto de la muerte— ¡se encontraba Henry Jekyll!

No soy capaz de obligar a mi razón a poner por escrito lo que me contó en la hora siguiente. Yo vi lo que vi, oí lo que oí, y mi alma cayó enferma por ello. Y, sin embargo, ahora que la imagen se ha desvanecido me pregunto si yo mismo lo creo y no soy capaz de responder. Los cimientos de mi vida se resquebrajan, soy presa del insomnio; me acompaña el más mortal de los terrores a todas horas del día y de la noche; siento que mis días están contados y que voy a morir; y aun así, moriré incrédulo. En cuanto a la depravación moral que aquel hombre me desveló, aun con lágrimas de penitencia, no soy capaz de considerarla, ni siquiera en mi memoria, sin sobresaltarme de puro horror. La criatura que entró arrastrándose en mi casa aquella noche respondía al nombre de Hyde, según me confesó el propio Jekyll, y se le buscaba por todos los rincones del país por el asesinato de Carew.

Hastie Lanyon

LA DECLARACIÓN COMPLETA DE HENRY JEKYLL

N*ací en el año 18..., heredero de una gran fortuna, dotado además de excelentes cualidades, inclina*do por naturaleza al trabajo, respetado por los mejores y más sabios de mis semejantes, y, por lo tanto, como es fácil suponer, con todas las garantías de un futuro honorable y distinguido. Y lo cierto es que el peor de mis defectos era una cierta disposición impaciente y juguetona que podría haber sido causa de felicidad para muchos hombres, pero que a mí me resultaba difícil reconciliar con el deseo imperioso de llevar siempre la cabeza bien alta y mostrar ante el mundo una imagen de seriedad fuera de lo común. Por ese motivo comencé a mantener mis placeres ocultos, y cuando alcancé la edad de la razón y comencé a observar mi entorno y a hacerme consciente de mis progresos y mi lugar en el mundo, ya me hallaba profundamente comprometido con mi propia duplicidad. Muchos se hubieran vanagloriado incluso de las irregularidades de las que me acusaba, pero yo las juzgaba a la luz de las altas expectativas que yo mismo me había fijado, y por ello las ocultaba con un sentimiento de vergüenza casi enfermizo. Así, fue más la exigente naturaleza de mis aspiraciones que una particular degradación de mis defectos lo que me había convertido en lo que era, y, de manera más acusada que en la mayoría de las personas, lo que había separado en mí las regiones de bondad y malicia que dividen y al tiempo componen la naturaleza dual del ser humano. Estando así las cosas, me vi empujado a reflexionar en profundidad y sin descanso sobre esa dura ley de la vida, en la que hunde sus raíces la religión y que constituye una de las fuentes más abundantes de sufrimiento. Pese a ser mi dualidad tan profunda, no era yo un hipócrita en sentido alguno, pues mis dos lados eran completamente sinceros: no era menor yo cuando me abandonaba sin freno y me sumía en la vergüenza, que cuando trabajaba a la vista de todo el mundo para ampliar el conocimiento o aliviar el sufrimiento y la angustia. Y sucedió que los derroteros de mis estudios científicos, que me llevaban por entero hacia lo místico y lo trascendental, llegaron a arrojar una gran luz sobre esta consciencia de la perpetua guerra entre mis dos mitades. Y así, cada día que pasaba, y desde ambas partes de mi inteligencia, tanto el moral como el intelectual, fui acercándome más a esa verdad cuyo parcial descubrimiento me ha condenado a una ruina tan completa: que en realidad el ser humano no es uno solo, sino dos. Y digo dos, porque el estado de mi propio conocimiento no ha logrado ir más allá de ese punto. Otros continuarán la labor, otros me superarán en ese campo y me aventuro a adivinar que, finalmente, se comprenderá que cada ser humano no es sino una comunidad de variopintos habitantes, discrepantes e independientes. Por mi parte, debido a la naturaleza de mi vida, yo avancé sin remedio en una dirección y solo en esa: aprendí a reconocer la profunda y primitiva dualidad del ser humano tan solo desde el aspecto moral y a través de mi propia persona. Comprendí que, aunque se pudiese decir sin error que mi naturaleza se correspondía con una de aquellas dos que luchaban en el campo de batalla de mi conciencia, esto solo era así porque también se correspondía, radicalmente, con ambas. Y desde fecha muy temprana, incluso antes de llegar a producirse mis descubrimientos científicos, ya había comenzado a plantearme la posibilidad desnuda de semejante milagro; me había acostumbrado a acariciar con placer, como en una ensoñación, la idea de separar estos elementos. Si cada uno de ellos, me decía a mí mismo, pudiera albergarse en una identidad separada, nuestras vidas quedarían liberadas de aquello que nos resulta insoportable. El injusto podría seguir su camino, libre de las aspiraciones y los remordimientos de su gemelo más recto, mientras que el justo podría caminar con firmeza y seguro de su ascenso, realizando las buenas obras que le reconfortan sin verse ya expuesto al deshonor y a la penitencia causadas por un mal ajeno a él. Es la maldición de la humanidad que estas dos ramas irreconciliables se hallen así ligadas, que estos gemelos opuestos se vean obligados a luchar continuamente en el seno de una agónica conciencia. ¿Cómo, entonces, sería posible separarlos?

Hasta ahí había llegado yo en mis reflexiones cuando, como ya he dicho, de la mesa del laboratorio surgió una luz inesperada que comenzó a aclarar el tema. Empecé a alcanzar una percepción más profunda que lo que hasta entonces se hubiera insinuado siquiera: la trémula inmaterialidad, la intangible trascendencia de este cuerpo aparentemente tan material que nos sirve de vestimenta carnal. Descubrí que algunos agentes tenían el poder de sacudir esos ropajes y despojarnos de ellos, del mismo modo que el viento puede arrancar las lonas de una carpa. No profundizaré más en la parte científica de mi confesión por dos motivos: el primero, porque he llegado a comprender que esta maldición y esta carga está atada para siempre a los hombros de la humanidad y que cualquier intento de librarnos de ella no servirá sino para que regrese con renovada presión, más horrible y más extraña; el segundo, porque a través de este relato se hará evidente que mis descubrimientos, ¡ay!, han sido incompletos. Será suficiente decir, entonces, que no solo llegué a reconocer que mi cuerpo no era sino un aura y una reverberación de algunos de los poderes que componen mi espíritu, sino que logré formular una pócima mediante la cual estos poderes serían destronados de su supremacía y reemplazados por una segunda forma y un nuevo semblante, en modo alguno menos propios de mi naturaleza, pues eran la expresión y llevaban el sello de los elementos más bajos de mi alma.

Vacilé mucho antes de poner a prueba mi teoría. Sabía bien que mi vida se hallaba en juego, pues cualquier preparado con semejante capacidad para controlar y sacudir el mismo baluarte de la identidad podría, a causa del más minúsculo exceso en la dosis o del más mínimo error en la administración, aniquilar por completo el santuario inmaterial que yo pretendía que transformase. Pero la tentación de un descubrimiento tan singular y profundo acabó por vencer mis reticencias. Hacía ya mucho que había preparado la tintura, así pues, enseguida adquirí en una botica de venta al por mayor una gran cantidad de cierta sal que, según mis experimentos, era el último ingrediente necesario; y a altas horas de una desventurada noche, mezclé los elementos, observé cómo hervían y humeaban juntos en el vaso y cuando se hubo detenido la ebullición, en un arrebato de valor, me bebí la pócima.

Al instante experimenté los más angustiosos calambres: un rechinar de los huesos, unas náuseas mortales y un horror en el alma que no hubieran sido mayores ni en la hora del nacimiento o la muerte. Esta agonía comenzó enseguida a remitir y volví a mi ser como tras una grave enfermedad. Experimenté entonces extrañas sensaciones, algo nuevo e indescriptible, a la par que dulce en su novedad. Sentí el cuerpo más joven, más ligero y feliz; era consciente en mi interior de una osadía embriagadora; en mi imaginación fluyó, como el agua que mueve un molino, una desordenada corriente de imágenes sensuales; se diluyeron los lazos del deber y surgió una sensación de libertad de espíritu desconocida, aunque no inocente. Fui consciente, con el primer aliento de esta nueva vida, de ser más malvado, diez veces más retorcido, de haber sido vendido como esclavo a mis antiguos demonios, y en ese momento, aquel pensamiento me envolvió y me embriagó como el vino. Estiré los brazos, exultante por estas sensaciones, y al hacerlo me di cuenta de que había perdido estatura.

No había ningún espejo en mi gabinete por aquel entonces, el que tengo junto a mí mientras escribo lo hice instalar más adelante con el único fin de contemplar estas transformaciones.

Sin embargo, la noche había dado paso a la madrugada —ya tan avanzada que, por oscura que fuese, estaba casi lista para alumbrar el día— y los sirvientes de mi casa se encontraban en sus habitaciones sumidos en las horas de sueño más profundas, por lo que me atreví, enardecido como estaba por la esperanza del triunfo, a aventurarme en mi nueva forma hasta llegar a mi dormitorio. Crucé el patio, bajo las constelaciones que me contemplaban maravilladas, pensé, al ver a la primera criatura de aquella especie que en su insomne vigilancia se les había revelado. Recorrí los pasillos con paso furtivo, un intruso en mi propia casa, y al entrar a mi habitación contemplé por primera vez la apariencia de Edward Hyde.

Me veo obligado aquí a hablar únicamente en teoría, pues lo que diré no es lo que conozco, sino lo que imagino más probable. El lado más vil de mi naturaleza, al que ahora había otorgado poder para sobreponerse al otro, era menos robusto y estaba menos desarrollado que el bondadoso, al que yo acababa de destronar. Por supuesto, en el transcurso de mi vida, que al fin y al cabo había sido de esfuerzo, virtud y control en nueve de cada diez partes, yo había ejercitado y consumido mucho menos este lado siniestro; y de ahí, o así lo creo, que Edward Hyde fuese mucho más pequeño, ligero y joven que Henry Jekyll. Del mismo modo en que el bien se reflejaba en el rostro del segundo, la maldad estaba escrita con caracteres grandes y claros en la cara del primero. El mal, pues debo considerarlo aún el lado más mortífero del ser humano, había dejado, además, una marca de deformidad y decadencia en aquel cuerpo. Y sin embargo, cuando contemplé aquella horrenda imagen en el espejo no sentí repugnancia alguna, sino alegría y aceptación, pues él era también yo mismo. A mis ojos representaba una imagen más viva del espíritu, me parecía más definido y sencillo que el semblante dividido e imperfecto que hasta entonces me había acostumbrado a llamar mío. Y en cierta medida tenía razón, pues he observado que cuando me presento bajo la apariencia de Edward Hyde, nadie es capaz de aproximarse a mí sin experimentar, al principio, una visible aversión física; y esto se debe, imagino, a que todos los seres humanos, tal y como los conocemos, están compuestos de una mezcla de bien y mal, mientras que Edward Hyde, único espécimen en la historia de la humanidad, era puro mal.

No me demoré ante el espejo más que un momento, pues aún me quedaba por emprender el segundo y más decisivo experimento: todavía quedaba por ver si había perdido mi identidad más allá de toda redención y me veía obligado a huir antes del amanecer de una casa que ya no sería mía. Así pues, me apresuré a regresar a mi gabinete donde, una vez más, preparé y bebí la pócima; nuevamente sufrí los espasmos de la disolución y volví otra vez a mi ser con el carácter, la estatura y el rostro de Henry Jekyll.

Aquella noche llegué a una encrucijada fatal. Si me hubiera aproximado a mi descubrimiento con espíritu más noble, si me hubiera arriesgado a realizar aquel experimento bajo el mandato de aspiraciones más generosas o compasivas, todo hubiera resultado de otra forma y de aquellas agonías de muerte y nacimiento hubiera resurgido como un ángel, en lugar de como un demonio. La poción no tenía capacidad de discernimiento, no era diabólica ni tampoco divina: su único efecto era el de derribar las puertas de la mazmorra que encerraba mi naturaleza y al igual que los cautivos de la batalla de Filipos, lo que había dentro se dio a la fuga. En aquel momento mi virtud cayó en un letargo; mi malicia, que la ambición mantenía alerta, estaba lista y dispuesta para aprovechar la ocasión; y aquel ser que aún era un proyecto se convirtió en Edward Hyde. Así, aunque ahora disponía de dos caracteres además de dos apariencias, uno era enteramente malo y el otro seguía siendo el antiguo Henry Jekyll, el mismo compuesto incongruente de cuya reforma y mejora ya había aprendido a desesperar. Por lo tanto, aquel cambio había sido enteramente a peor.

Por aquel entonces todavía no había logrado superar por completo mi aversión por la aridez de una vida de estudio. Todavía me sentía en ocasiones con ganas de divertirme; y, puesto que mis placeres eran (por decirlo con suavidad) indignos, y no solo era una persona bien conocida y tenida en alta consideración, sino que me acercaba a la edad madura, esta incoherencia de mi vida se me hacía menos llevadera con cada día que pasaba. Fue todo esto lo que hizo que mi nuevo poder me resultase tan tentador que acabé siendo su esclavo. No tenía más que beberme aquella pócima para despojarme de inmediato del cuerpo del famoso profesor y vestirme, como con una gruesa capa, con el de Edward Hyde. Me hacía sonreír la mera idea, que entonces me parecía simpática, y dispuse los preparativos con el mayor cuidado. Alquilé y amueblé aquella casa del Soho hasta la que llegó la policía siguiendo el rastro de Hyde y contraté de ama de llaves a una criatura cuya discreción y falta de escrúpulos me era conocida. Por otro lado, anuncié al servicio que un tal Mr. Hyde, al cual describí, tendría a partir de entonces libertad y atribuciones completas para hacer y disponer en mi casa de la plaza; y para evitar contratiempos me invité a mí mismo, bajo aquella segunda apariencia mía, a visitar la casa y me hice asiduo de ella. A continuación, redacté aquel testamento al que tantas objeciones pusiste, de modo que si algo me ocurría en la persona del doctor Jekyll, pudiera asumir la de Edward Hyde sin perjuicio económico. Y así protegido por todos los flancos, o eso suponía, comencé a beneficiarme de la peculiar inmunidad de mi situación.

Otros antes que yo han contratado a sicarios para que lleven a cabo sus crímenes, mientras ellos mismos y su reputación quedaban a salvo. Yo he sido el primero en hacerlo personalmente para mi propio disfrute. Yo he sido el primero, pues, en poder mostrarse en público investido de completa respetabilidad y, en un momento, como un colegial, despojarme de tales vestiduras y lanzarme de cabeza a un mar de libertad. Para mí, sin embargo, la seguridad era completa bajo mi manto impenetrable. ¡Piénsalo! ¡Yo ni siquiera existía! Solo tenía que escaparme a mi laboratorio, disponer de un segundo o dos para mezclar e ingerir la pócima que siempre tenía preparada y, sin importar lo que hubiera hecho, Edward Hyde se desvanecería como el vaho del aliento en un espejo, y en su lugar se encontraría, trabajando hasta altas horas de la noche en la tranquilidad de su estudio y su hogar, Henry Jekyll, el hombre que podía permitirse el lujo de reírse de toda sospecha.

Los placeres que tanto me apresuraba a buscar así disfrazado eran, como ya he dicho, indignos; no merecen un calificativo más severo. Pero en manos de Edward Hyde comenzaron enseguida a tornarse monstruosos. Cuando regresaba de mis escapadas, me sumía a menudo en una especie de perplejidad por aquella depravación indirecta. Aquel compañero que había conjurado de mi propia alma y enviado solo a hacer y deshacer a su antojo era un ser de naturaleza maligna y perversa, todos sus actos y pensamientos se centraban en sí mismo, obtenía placer de cualquier forma de tortura a otros seres y lo bebía con avidez brutal; era, en fin, implacable como si estuviera hecho de piedra. Henry Jekyll se quedaba a veces espantado de los actos de Edward Hyde, pero aquella situación no se regía por las leyes ordinarias, y pensando así apaciguaba insidiosamente su conciencia. Al fin y al cabo era Hyde y solo Hyde el culpable. Jekyll no era peor que antes: volvía en sí con las mismas buenas cualidades aparentemente intactas; incluso se apresuraba a deshacer el mal causado por Hyde, cuando era posible, y así adormecía a su conciencia.

No deseo entrar en más detalles sobre las infamias de las que así me hice cómplice (pues ni aun ahora soy capaz de admitir que haya sido yo el autor), no pretendo más que hacer notar las señales de aviso y los sucesivos pasos que conducían a mi escarmiento final. Me vi envuelto en un accidente que no haré más que mencionar, pues no tuvo consecuencias. Un acto de crueldad hacia una niña atrajo sobre mí la ira de un transeúnte, al que el otro día reconocí en la persona de tu pariente; el doctor y la familia de la niña se le unieron; hubo momentos en que temí por mi vida; y al fin, con la intención de aplacar su justo rencor, Edward Hyde tuvo que conducirlos hasta la puerta y pagarles con un cheque a nombre de Henry Jekyll. No obstante, conjuré fácilmente aquel peligro para el futuro simplemente abriendo una cuenta en otro banco a nombre del propio Edward Hyde. Y cuando doté a mi doble de una firma por el sencillo procedimiento de inclinar mi propia mano hacia atrás, llegué a creer que me hallaba más allá del alcance del destino.

Unos dos meses antes del asesinato de sir Danvers, tras salir en una de mis aventuras, regresé a casa a una hora tardía y al despertar en cama al día siguiente noté unas sensaciones extrañas. En vano miré a mi alrededor; en vano contemplé los excelentes muebles y los techos altos de mi dormitorio de la casa de la plaza; en vano reconocí el dibujo del dosel de la cama y las tallas de la estructura de caoba; algo seguía diciéndome que no me encontraba donde creía estar, que no me había despertado donde imaginaba, sino en la pequeña habitación del Soho donde acostumbraba a dormir bajo la apariencia de Edward Hyde. Sonreí para mis adentros y, filosofando como suelo, comencé a reflexionar tranquilamente sobre los elementos de aquella ilusión, incluso cayendo de vez en cuando en una agradable modorra matinal. Todavía estaba ocupado en tales análisis cuando, en un momento en que me encontraba más despejado, me fijé en una de mis manos. Las manos del doctor Henry Jekyll, como tantas veces me has comentado, son las de un profesional, tanto en su forma como en su tamaño: unas manos grandes, firmes, blancas y hermosas. Sin embargo, la que veía con total claridad, a la luz dorada de la mañana londinense, apoyada sobre las sábanas con los dedos entrecerrados, era flaca, nervuda y nudosa, de una oscura palidez y sombreada por una espesa mata de pelo. Era la mano de Edward Hyde.

Debí de quedarme con la vista clavada en ella durante casi medio minuto, atontado como estaba por el asombro, antes de que se despertase en mi pecho un terror tan repentino y violento como el choque de unos platillos, y me hiciese saltar de la cama para correr a mirarme en el espejo. Lo que vieron mis ojos hizo que la sangre se me trocara en hielo líquido de perfecta frigidez. Sí, me había acostado como Henry Jekyll, pero me había despertado como Edward Hyde. ¿Qué explicación tenía aquello?, me pregunté primero, pero enseguida llegó otra pregunta con otro estremecimiento de terror: ¿Cómo podía remediarlo? La mañana estaba bien avanzada, el servicio se había levantado ya; todas mis drogas se guardaban en el gabinete hasta el que había un largo trecho desde donde yo me encontraba, paralizado de terror: dos tramos de escaleras, el corredor de atrás, el patio abierto y el aula de anatomía me separaban de ellas. Podía, desde luego, cubrirme la cara, pero ¿de qué me serviría si no había manera de ocultar el cambio de estatura? Y entonces me vino a la memoria, con una sensación de alivio dulce y abrumadora, que el servicio ya se había acostumbrado a las idas y venidas de mi otro yo. Enseguida me arreglé, tan bien como me fue posible, con ropas de mi propia talla; enseguida atravesé la casa, cruzándome en el camino con Bradshaw, que se me quedó mirando y retrocedió al ver a Mr. Hyde a una hora tan temprana y de semejante guisa; y diez minutos más tarde, el doctor Jekyll había regresado a su propio cuerpo y se había sentado a la mesa, con el ceño fruncido fingiendo que desayunaba. Poco apetito tenía, en verdad. Aquel inexplicable incidente, aquella inversión de mis experiencias previas me parecía como el proverbial dedo babilónico, un anuncio de la llegada de mi castigo final, y comencé a reflexionar con más seriedad que nunca en los problemas y las posibilidades de mi doble existencia. En los últimos tiempos había ejercitado y alimentado mucho aquella parte de mí que había aprendido a proyectar, y últimamente me daba la impresión de que el cuerpo de Edward Hyde había crecido en estatura, como si cuando adoptaba aquella forma sintiese que la sangre fluía con más vigor. Así comencé a sospechar que existía el peligro de que, si continuaba prolongando aquello durante mucho más tiempo, el equilibrio de mi naturaleza quedaría alterado para siempre; la capacidad de cambiar a voluntad, anulada; y la personalidad de Edward Hyde se transformaría en la mía de manera irrevocable. El efecto de la pócima no siempre era el mismo. En una ocasión, muy al principio de mis experimentos, me había fallado por completo y desde entonces me había visto obligado más de una vez a doblar la dosis, en una ocasión incluso a triplicarla, con infinito riesgo de mi vida; y hasta entonces, aquellas raras incertidumbres habían sido la única sombra que nublaba mi satisfacción. A partir de aquel momento, sin embargo, y a la luz del incidente de aquella mañana, no pude sino observar que, mientras que al principio la dificultad había estribado en librarme del cuerpo de Jekyll, últimamente se había ido trasladando al sentido opuesto, lenta pero inexorablemente. Todo parecía, por tanto, indicar que poco a poco estaba perdiendo el control de mi yo original y mejor para incorporarme poco a poco a mi segundo y peor ser. Sentí entonces que debía elegir entre ambos. Mis dos naturalezas tenían una memoria común, pero todas las demás facultades estaban repartidas de manera muy desigual. Jekyll, cuya esencia era compuesta, compartía unas veces con la más sensible de las aprensiones, otras con placer avaricioso, los placeres y aventuras de Hyde; pero Hyde solo sentía indiferencia por Jekyll, no lo tenía en cuenta más que como se acuerda el bandolero de su cueva en la montaña, donde esconderse de sus perseguidores. Jekyll mostraba un interés más que paternal, la indiferencia de Hyde era mucho mayor que la de un hijo. Inclinarme por Jekyll significaba renunciar a todos aquellos apetitos por los que durante tanto tiempo me había dejado llevar en secreto y a los que últimamente me había abandonado sin restricción. Inclinarme por Hyde significaba renunciar a un millar de intereses y aspiraciones y convertirme, de pronto y para siempre, en un ser despreciado y sin amigos. La elección podría parecer clara, pero quedaba aún otra consideración que añadir a la balanza, pues mientras que Jekyll sufriría lo indecible ardiendo en el fuego de la abstinencia, Hyde ni siquiera sería consciente de lo que habría perdido. Por extrañas que fueran mis circunstancias, lo cierto es que los términos de aquel dilema son tan comunes y antiguos como el hombre, pues a menudo son estos mismos alicientes y recelos los que determinan la suerte de cualquier pecador, presa de la tentación y la reserva. Así, me decanté al final, como la mayoría de mis semejantes, por mi lado mejor y deseé con ardor contar con las fuerzas necesarias para mantenerme firme.

Sí, preferí al maduro e insatisfecho doctor que, rodeado de amigos, acariciaba honradas esperanzas y me despedí con decisión de la libertad, la relativa juventud, el paso ligero, el pulso acelerado y los secretos placeres que había disfrutado bajo la apariencia de Hyde. Tomé esta determinación, quizás con cierta reserva inconsciente, pues no dejé la casa del Soho ni destruí las ropas de Edward Hyde, que permanecían siempre dispuestas en mi gabinete. Aun así, durante dos meses permanecí fiel a mi determinación, dos meses en los que llevé una vida de tal rectitud como no había logrado alcanzar jamás, y disfruté las compensaciones de una conciencia satisfecha. Pero el tiempo comenzó al fin a marchitar la frescura de mis temores; los elogios de mi conciencia comenzaron a hacérseme trillados; empecé a sentir la agónica tortura del deseo insatisfecho, como si Hyde luchase en mi interior por liberarse; y al fin, en una hora de debilidad moral, volví a mezclar y a ingerir una vez más la poción transformadora.

No creo que cuando un borracho razona consigo mismo sobre su vicio sea consciente, ni una vez de cada quinientas, de los peligros a los que se expone por su insensato embrutecimiento físico; de igual modo, por mucho que hubiera considerado mi situación, tampoco yo le concedí suficiente importancia a la insensatez moral ni a la desatinada disposición hacia el mal que componían los principales rasgos del carácter de Edward Hyde. Y, sin embargo, fue a causa de ellas como llegó mi castigo. Mi demonio llevaba demasiado tiempo enjaulado y salió rugiendo del cautiverio. Fui consciente, incluso en el momento de ingerir la mezcla, de una nueva propensión a la iniquidad, más furiosa, más desaforada. Fue eso, supongo, lo que desató en mi alma la tempestad de impaciencia con la que escuché las formalidades de mi desgraciada víctima. No puedo más que declarar ante Dios que ningún hombre moralmente cuerdo podría ser culpable de tal crimen por tan ínfima provocación, y que ataqué sin más motivo razonable que el de un niño enfermo que rompe un juguete. Pero yo me había librado voluntariamente de cualquier instinto que pudiese brindarme moderación alguna, aquellos que hacen que hasta el peor de nosotros continúe su camino siquiera con cierto equilibrio entre las tentaciones y, en mi caso, la más leve de las tentaciones significaba caer.

Al instante, un espíritu infernal se desencadenó, furioso, en mi interior. Arrebatado por el júbilo, apaleé aquel cuerpo indefenso, deleitándome con cada golpe; y solo cuando, en la cúspide de mi delirio, el agotamiento comenzó a hacer mella en mí se apoderó de mi corazón un helado escalofrío de terror. Fue como si se dispersase una niebla: entendí que mi vida estaba en juego y hui de la escena de aquellos excesos, al tiempo gozoso y estremecido; saciadas y estimuladas mis ansias de mal, mi amor por la vida exacerbado al máximo. Corrí a la casa del Soho y, para mayor seguridad, destruí todos mis papeles. De allí partí, recorriendo las calles a la luz de las farolas, aún en el mismo ambiguo éxtasis mental, regodeándome en mi crimen, planeando despreocupadamente otros para el futuro; y al mismo tiempo apresurándome y poniendo mil oídos atentos con el temor de escuchar los pasos de quien llegase a vengar mis actos.

Hyde canturreaba una canción mientras preparaba la pócima y brindó por el muerto antes de bebérsela. Todavía no habían terminado de atormentarlo los espasmos de la transformación cuando Henry Jekyll, con el rostro surcado de lágrimas de gratitud, cayó de rodillas y alzó hacia Dios las manos entrelazadas en una plegaria. El velo de mi propia indulgencia se rasgó de arriba abajo y contemplé mi vida entera: desde los días de mi infancia, cuando caminaba de la mano de mi padre, pasando por los esfuerzos y las privaciones de mi vida profesional, hasta llegar, una y otra vez, con la misma sensación de incredulidad, a los infernales horrores de aquella noche. Sentía deseos de gritar con todas mis fuerzas. Con lágrimas y oraciones traté de aplacar la multitud de imágenes y sonidos espeluznantes que se arremolinaban en mi memoria, acosándome, pero aún la horrible faz de mi iniquidad me miraba con fijeza entre mis ruegos. Al cabo de poco tiempo, la intensidad del remordimiento fue cediendo y comenzó a surgir una sensación de dicha. El problema de mi conducta se había solucionado. A partir de aquel momento ser Hyde se había vuelto imposible, quisiera o no me hallaba ahora confinado en mi mejor mitad. ¡Oh, cómo me regocijé al pensarlo! ¡Con qué entusiasta humildad abracé de nuevo las restricciones naturales de la vida! ¡Con qué sincera renuncia condené la puerta por la que en tantas ocasiones había entrado y salido y aplasté la llave a pisotones!

Al día siguiente llegó la noticia de que había un testigo del asesinato, de que la culpabilidad de Hyde era pública y notoria, y de que la víctima era un hombre muy estimado por el público. No se trataba solo de un crimen: había sido una trágica insensatez. Creo que me alegré al saberlo, creo que me alegré de ver mis mejores impulsos así reforzados y protegidos por el terror al patíbulo. Jekyll era ahora mi bastión, pues si dejaba asomar a Hyde aunque fuese un instante, las manos de todo el pueblo se alzarían para hacerlo preso y darle muerte.

Decidí redimir mi pasado con mi futura conducta y puedo decir con sinceridad que mi resolución dio algunos buenos frutos. Tú mismo sabes con qué devoción trabajé en los últimos meses del año para aliviar el sufrimiento ajeno, sabes cuánto he hecho por los demás, y que mis días transcurrieron tranquilos y felices. No puedo tampoco decir que llegase a cansarme de aquella vida inocente y caritativa, creo más bien que cada día la disfrutaba con más plenitud, pero aún seguía atormentándome aquella dualidad mía, y cuando fueron desapareciendo las primeras asperezas de la penitencia, mi lado más bajo, al que durante tanto tiempo había consentido y que tan poco llevaba encadenado, comenzó a pedir licencia a gritos. Y no es que soñase siquiera con resucitar a Hyde, pues la mera idea me atemorizaba hasta la histeria: no, aquello moraba en mi propio ser y nuevamente me veía tentado a jugar con mi conciencia; y al fin acabé rendido a los embates de la tentación como cualquier vulgar pecador secreto.

Todo en la vida tiene su final. El recipiente de mayor capacidad desborda al fin y aquella breve concesión a mi mal interior acabó por destruir el equilibrio de mi alma. Y, sin embargo, no sentí ningún desasosiego; la caída me pareció natural, como un regreso a los viejos tiempos anteriores a mi descubrimiento. Fue un día de enero, claro y hermoso, el suelo estaba húmedo allí donde ya se había fundido la escarcha, pero no había nubes en el cielo. Regent's Park bullía de trinos invernales y dulces aromas, casi de primavera, saturaban el aire. Me senté al sol en un banco. La bestia que habita en mí lamía los restos de mis recuerdos; mi lado espiritual, algo adormecido, prometía ulteriores penitencias, pero no parecía inclinarse a ponerlas en práctica todavía. Al fin y al cabo, pensé, yo era como mis semejantes; entonces sonreí al equipararme con otros hombres, comparando mi activa beneficencia con la perezosa crueldad de su indolencia. Y en el mismo instante en que concebí aquel jactancioso pensamiento me sobrevino una náusea, una horrible arcada y un temblor mortal. Aquello pasó y me sentí desfallecido, aunque enseguida el desfallecimiento pasó a su vez y comencé a notar un cambio en mi talante y mis pensamientos, una mayor temeridad, un desprecio por el peligro, una relajación de los lazos del deber. Miré hacia abajo y vi que las ropas me colgaban informes de las encogidas extremidades; que la mano que descansaba en mi rodilla era nudosa y velluda. Era, de nuevo, Edward Hyde. Un momento antes me encontraba a salvo, era rico, estimado, respetado por todos y en el acogedor comedor de mi casa, la mesa me aguardaba puesta. Ahora era un vulgar proscrito, acosado por sus semejantes, sin hogar... un conocido asesino carne de patíbulo.

La razón me flaqueaba, pero no me falló por completo. En más de una ocasión he observado que al asumir mi segunda personalidad parecía que se me aguzaban al máximo las facultades y mi espíritu se tensaba, pero era más flexible; y así ocurrió que, donde quizás Jekyll hubiera desesperado, Hyde se colocó a la altura de las circunstancias. Las drogas se hallaban en uno de los armaritos de mi gabinete, pero ¿cómo llegar hasta ellas? Aquel era el problema que, las manos oprimiéndome las sienes, me propuse solucionar. La puerta del laboratorio estaba condenada. Si intentaba entrar en la casa, mi propio servicio me condenaría a la horca. Vi claro que debía valerme de una mano ajena, y pensé en Lanyon. ¿Cómo podía, pues, llegar hasta él?

¿Cómo persuadirlo? Suponiendo que lograse evitar que me capturasen en las calles, ¿cómo iba a lograr llegar hasta su presencia? ¿Y cómo iba a conseguir yo, un visitante desconocido y repelente, convencer al famoso facultativo para que entrase por la fuerza en el estudio de su colega, el doctor Jekyll? Entonces recordé que aún conservaba en mí una parte de mi personalidad original: podía escribirle una nota de mi propio puño y letra; y una vez se encendió esa chispa de una idea, el camino que debía seguir se iluminó de principio a fin.

Así pues, me arreglé la ropa lo mejor que pude, paré un coche que pasaba y me encaminé a un hotel de Portland Street, cuyo nombre me vino en ese momento a la memoria. Al ver mi aspecto (que, ciertamente, resultaba bastante cómico pese al trágico sino que aquellas prendas ocultaban), el conductor no pudo ocultar la risa, pero yo rechiné los dientes en un arrebato de furia demoníaca y la sonrisa se le borró del rostro por suerte para él, aunque mayor fortuna fue para mí, pues un instante más y lo hubiera echado abajo del pescante. Llegamos al hotel y entré, mirando a mi alrededor con tan sombrío semblante que los empleados se echaron a temblar: no se intercambió ni una mirada en mi presencia, se siguieron con diligencia mis órdenes y me condujeron a una habitación privada, adonde me llevaron lo necesario para escribir. El Hyde que temía por su vida era una criatura nueva para mí: agitado con una ira desorbitada, preso de una tensión que le impelía al asesinato, ansiando causar dolor. Era, sin embargo, astuto y logró contener su furia con un gran esfuerzo de voluntad para redactar dos importantes cartas: una para Lanyon y otra para Poole. Y para recibir pruebas palpables de que se habían depositado en el correo, dio instrucciones de que fuesen certificadas.

Hecho todo esto, pasó todo el día sentado junto al fuego en la habitación privada, mordiéndose las uñas; allí cenó a solas con sus miedos, acobardando visiblemente al camarero con su mirada; y entonces, cuando ya estaba entrada la noche se sentó en un rincón de un coche cerrado que lo llevó de un lado a otro por las calles de la ciudad. Y hablo de él, y no de mí, pues no podría decir que era yo. Nada humano había en aquella criatura del infierno; ningún sentimiento la habitaba, salvo el miedo y el odio. Y cuando al fin, creyendo que el conductor comenzaba a albergar sospechas, despidió el coche y se aventuró a continuar a pie, ataviado como iba con aquellas ropas inadecuadas, llamando la atención entre los viandantes nocturnos, aquellas dos pasiones rugían en su interior como una tempestad. Caminaba deprisa, asediado por sus miedos, hablando entre dientes, merodeando por las vías menos transitadas, contando los minutos que aún lo separaban de la medianoche. Una mujer se dirigió a él para ofrecerle, creo, una caja de cerillas; él la abofeteó y ella salió huyendo.

Cuando volví a mi ser en casa de Lanyon, quizás el horror de mi viejo amigo me afectó un tanto, pero no sabría decirlo, pues no era más que una gota en un océano de abominación que anegaba las pasadas horas. Se había producido un cambio en mí. Ya no era el miedo al patíbulo, sino el horror de ser Hyde lo que me consumía. Recibí la condena de Lanyon como en un sueño; también como en un sueño llegué a mi propia casa y me metí en la cama. Después de los avatares de aquel día dormí con un letargo tan profundo y pesado que ni siquiera las pesadillas que me asediaban lograron interrumpirlo. Por la mañana me desperté agitado y débil, pero descansado. Aún detestaba a la bestia que dormía en mi interior y temía siquiera pensar en ella pero, por supuesto, tampoco había olvidado los terribles peligros del día anterior; sin embargo me hallaba de nuevo en casa, en mi propio hogar y el remedio estaba a mano y la gratitud por haberme librado de aquel trance resplandecía en mi alma con tal fuerza que casi rivalizaba con el brillo de la esperanza.

Me hallaba en el patio, dando un relajado paseo tras el desayuno, bañándome en el aire fresco con deleite, cuando me embargaron de nuevo aquellas indescriptibles sensaciones que anunciaban el cambio y apenas me dio tiempo a refugiarme en mi gabinete antes de encontrarme a mí mismo envuelto en la furia helada de las pasiones de Hyde. En aquella ocasión fue necesaria una dosis doble para volver a mi ser y, ¡ay! seis horas después, cuando me hallaba yo sentado junto al fuego, contemplándolo con tristeza, volvieron los espasmos y tuve que administrarme una nueva dosis de la pócima. En resumen, a partir de aquel día pareció que solo mediante un gran esfuerzo y únicamente bajo el influjo inmediato de la pócima era capaz de conservar la apariencia de Jekyll. A todas horas del día y la noche me sobrevenía aquel estremecimiento premonitorio y, sobre todo, si me dormía o me vencía la modorra en mi sillón, aunque fuese unos instantes, me despertaba invariablemente como

Hyde. Bajo el asedio de esta permanente espada de Damocles y los efectos del insomnio al que me había condenado, ¡ay!, incluso más allá de lo que creía posible para el ser humano, yo mismo me convertí en una criatura consumida, agotada por la fiebre, de una lánguida debilidad tanto física como mental, ocupada por completo en un único pensamiento: el horror de mi otro yo. Pero cuando dormía, o cuando las virtudes de la medicina se desvanecían, entraba casi sin transición (pues los espasmos de la transformación iban perdiendo intensidad de día en día) en posesión de una imaginación rebosante de imágenes de terror, de un alma que bullía de odios infundados, y de un cuerpo que no parecía suficientemente fuerte para contener las desbordadas energías de la vida. Parecía que los poderes de Hyde habían crecido con la enfermedad de Jekyll y, sin duda, el odio que ahora los dividía era igual por ambas partes. En el caso de Jekyll se trataba de un instinto básico: había visto al fin en todo su esplendor la completa deformidad de aquella criatura que compartía con él parte de los fenómenos de la consciencia y que con él compartiría también la herencia de la muerte; pero más allá de esos lazos que los unían y que constituían en sí mismos su mayor causa de aflicción, pensaba en Hyde y en toda su energía vital como en algo no solo demoníaco, sino inorgánico. Aquello era lo que mayor conmoción le causaba: que del cieno de aquel abismo pareciesen surgir voces y llamadas; que el polvo amorfo gesticulase y pecase; que aquella cosa muerta e informe fuese capaz de usurpar las funciones de la vida. Y el hecho de que aquel insurrecto horror estuviese más entretejido con él mismo que una esposa, más que sus mismos ojos; que se hallase encarcelado en su propia carne, donde lo oía murmurar y podía sentir su lucha para liberarse; y que al más mínimo momento de debilidad y en la tranquilidad del sueño se sobrepusiese a él y lo despojase de su propia vida. El odio de Hyde hacia Jekyll era de una naturaleza diferente. El terror al patíbulo lo llevaba continuamente a suicidarse temporalmente, resignándose a su papel subordinado como parte de una persona, no como persona completa; sin embargo, aborrecía aquella necesidad, aborrecía el abatimiento en el que Jekyll se hallaba sumido y le ofendía que ahora lo mirase con desprecio. De ahí las jugarretas simiescas que me preparaba, garabateando con mi propia mano blasfemias en las páginas de mis libros, quemando las cartas y destruyendo los retratos de mi padre y, sin duda, de no haber sido por el miedo a la muerte, hubiera hecho caer la ruina sobre sí mismo con el único propósito de arrastrarme a ella. Pero su amor a la vida es extraordinario. Aún diría más: cuando evoco la bajeza y la pasión de su apego, siendo consciente como soy del poder que tengo para acabar con su vida poniendo fin a la mía, yo, que me revuelvo por dentro y se me hiela la sangre con solo pensar en él, siento en mi corazón lástima por Hyde.

Es inútil prolongar esta descripción, y me falta el tiempo para hacerlo. Baste con decir que nunca nadie ha sufrido tales tormentos; y aun siendo así, la costumbre trajo, no alivio, pero sí una cierta resistencia del alma, una cierta aceptación de la desesperanza; y de este modo hubiera podido continuar mi castigo durante años, de no ser por la última calamidad que ahora me ha sobrevenido y que me ha apartado al fin de mi propio rostro y naturaleza. Mis provisiones de sal, que no había vuelto a renovar desde el día del primer experimento, comienzan a agotarse. Envié a buscar más, preparé la pócima, se produjo la ebullición y el primer cambio de color, pero no el segundo; la bebí igualmente, pero sin resultados. Te enterarás por Poole de cómo le hice volver Londres del revés en su búsqueda, sin embargo todo ha sido en vano y ahora estoy convencido de que el primer lote era impuro y de que fue aquella impureza desconocida la que prestaba eficacia a la poción.

Ha transcurrido cerca de una semana y mientras termino esta declaración me encuentro bajo la influencia de la última dosis del lote original. Esta es, pues, la última ocasión, si no se produce un milagro, en que Henry Jekyll podrá pensar con sus propios pensamientos o ver su propio rostro (¡ahora ya tan tristemente alterado!) en el espejo. Tampoco debo retrasar más el final de este escrito, pues si mi declaración ha escapado hasta ahora a la destrucción ha sido por una combinación de gran prudencia y abundante buena suerte; pues de encontrarme aún escribiéndola en la agonía del cambio, Hyde la rompería en pedazos, pero si logro que transcurra algún tiempo tras haberla ocultado, su asombroso egoísmo y la limitación de su interés a las circunstancias más inmediatas volverán a salvarla, seguramente, de la acción de su simiesco resentimiento. No hay duda de que el fin que se cierne sobre ambos ha comenzado a cambiarlo y a abatirlo ya. Sé que dentro de media hora, cuando asuma una vez más y para siempre esa personalidad que aborrezco, me sentaré en mi sillón, estremecido y sollozando, o recorreré esta habitación (mi último refugio en la tierra) arriba y abajo una y otra vez, prestando atención y atemorizado ante el menor sonido amenazador. ¿Morirá Hyde en el cadalso o encontrará el valor para ahorrarse ese último momento? Solo Dios lo sabe, pero a mí no me interesa. Me ha llegado el verdadero momento de la muerte y lo que ocurra a continuación no me atañe a mí, sino a otro. Así pues, dejo aquí la pluma y procedo a sellar mi confesión, poniendo fin con ello a la vida del desventurado Henry Jekyll.

ROBERT LOUIS STEVENSON TERMINÓ DE ESCRIBIR ESTA HISTORIA EN OCTUBRE DE 1885, EN BOURNEMOUTH, EN EL SUR DE INGLATERRA, INFLUIDO POR SU CRECIENTE AMISTAD CON HENRY JAMES, CON QUIEN MANTENÍA UNA INTENSA RELACIÓN EPISTOLAR.

PEQUEÑOS TESOROS DE LA LITERATURA
Título original: *Strange Case of Dr Jekyll and Mr Hyde*
Autor: R.L. Stevenson

Publicada originariamente por RBA Libros y Publicaciones, S.L.U.

Ilustración de cubierta: Cristina Serrat
Diseño de cubierta y de interior: Luz de la Mora
Realización editorial: Editec Ediciones

ISBN (OC): 978-84-1149-551-6
ISBN (Libro): 978-84-1149-748-0
Depósito legal: B 19692-2023

Impreso por Black Print CPI Ibérica, S.L.
Impreso en España – *Printed in Spain*

Para Argentina:
Editada, Publicada e importada por RBA EDICIONES ARGENTINA S.R.L.
Av. Córdoba 950 5º Piso "A". C.A.B.A.
Distribuye en C.A.B.A y G.B.A.: Brihet e Hijos S.A., Agustín Magaldi 1448 C.A.B.A.
Tel.: (11) 4301-3601. Mail: ventas@brihet.com.ar
Distribuye en Interior: Distribuidora General de Publicaciones S.A., Alvarado 2118 C.A.B.A.
Tel.: (11) 4301-9970. Mail: circulacion@dgpsa.com.ar

Para Chile:
Importado y distribuido por: El Mercurio S.A.P., Avenida Santa María N° 5542,
Comuna de Vitacura, Santiago, Chile

Para México:
Editada, publicada e importada por RBA Editores México, S. de R.L. de C.V.
Av. Patriotismo 229, piso 8, Col. San Pedro de los Pinos, CP 03800, Alcaldía Benito Juárez,
Ciudad de México, México
Fecha primera publicación en México: marzo 2024.
ISBN (Obra completa): en trámite.
ISBN (Libro): en trámite.

Para Perú:
Edita RBA COLECCIONABLES, S.A.U., Avenida Diagonal, 189. 08019 Barcelona. España.
Distribuye en Perú: PRUNI SAC RUC 20602184065
Av. Nicolás Ayllón 2925 Local 16A El Agustino. CP Lima 15022 - Perú
Tlf. (511) 441-1008. Mail: pedidos@pruni.pe